Jean Jaurès

La voix du peuple

TOME 1

l'Humanité
ÉDITIONS

Les éditions de l'Humanité, Saint-Denis, 2024
ISBN 9782902174768

Ouvrage dirigé par :
Jean-Emmanuel Ducoin et Anthony Daguet

Les éditions de l'Humanité
5 rue Pleyel
93200 Saint-Denis

Jean Jaurès

La voix du peuple

République sociale, socialisme, capitalisme, syndicalisme
1904-1914 : les plus grands articles de Jaurès dans *l'Humanité*

TOME 1

l'Humanité
ÉDITIONS

Sommaire

Par Fabien GAY, Directeur de *l'Humanité*

Préface

Les ouvrages sur Jean Jaurès fourmillent. Beaucoup de ses écrits ont été édités, d'innombrables historiens et chercheurs se sont penchés sur son parcours, sa pensée. Sa renommée est à la hauteur de son engagement pour le socialisme, la République et la Nation, qu'il considérait comme indissociables. Même en nos temps modernes, les publications se poursuivent, preuve de l'intérêt que cet homme politique continue de susciter, preuve de l'apport de ses idées à notre camp social, plus d'un siècle après.

Avec ce livre, *Jaurès, La voix du peuple*, les éditions de *l'Humanité* proposent un livre inédit. Non pas un nouveau livre *sur* Jaurès mais un livre qui retranscrit ses écrits avec des inédits jamais publiés. Jaurès a beaucoup écrit dans *l'Humanité*. En plus de dix ans, ce sont plus de mille éditoriaux et articles dont « Notre But », premier éditorial de *l'Humanité* qu'il fonda le 18 avril 1904. Plus qu'un éditorial, il est un chemin, un programme, un combat que nous poursuivons cent dix ans après son assassinat.

Alors que *l'Humanité* vient de fêter ses 120 ans et qu'aura lieu en novembre le centième anniversaire de la panthéonisation de Jaurès, nous voulons rendre vivantes et publiques ces archives, en les réunissant pour la première fois. C'est le fruit d'un long travail de plus d'une année, tant la matière est pléthorique et diverse.

Jean Jaurès fonda *l'Humanité* pour permettre à la classe ouvrière de disposer de son propre journal, pour relayer ses combats, l'informer, participer au mouvement des idées socialistes, car il faisait le constat que la presse était détenue par la bourgeoisie. Informer est un droit. Le pluralisme de la presse est également consubstantiel de la démocratie et doit être garanti. Il n'existe pas de démocratie complète sans citoyen éclairé. La presse a donc un rôle majeur à jouer, et sa liberté doit être assurée par l'État, aujourd'hui à travers les aides à la presse, sans souffrir d'aucune pression.

Plus que jamais, ce combat est d'une cruelle actualité.

La concentration des médias dans les mains de multimillionnaires réactionnaires est un désastre pour notre démocratie et un danger pour le pluralisme de la presse. L'équilibre, la nuance, la confrontation d'idées n'existent plus. L'ère est au racolage et au sensationnel, renforcés par des réseaux qui n'ont de sociaux que le nom et qui déploient un zapping permanent, antithèse de la réflexion. Nous assistons à l'émergence de la désinformation, au primat du fait divers et de l'émotion au détriment d'une information fiable. Les chaînes dites d'information en continu, où les faits vérifiés et exacts ont disparu au profit du commentaire de chroniqueurs, spécialistes en rien mais donnant leur avis sur tout, génèrent de l'audimat en tournant en boucle sur le petit écran. L'information est en arrière-plan : c'est la bataille de l'opinion qui doit primer, quitte à s'arranger avec la vérité.

Sur fond de médiocrité intellectuelle, d'inversion des valeurs où les antiracistes sont « devenus des racistes et des antisémites », où les ennemis de toujours de la République sont repeints en meilleurs défenseurs de la laïcité, nous vivons un moment de bascule et de multiples crises.

L'extrême droite est aux portes du pouvoir et s'appuie sur des réseaux numériques puissants et des milliardaires comme Bolloré ou Stérin, qui investissent des centaines de millions d'euros pour parvenir à lui confier ce pouvoir.

Dans ce contexte, notre existence et notre développement en tant que journal libre et indépendant des puissances de l'argent sont plus que jamais des enjeux fondamentaux.

Chacun connaît la précarité financière à laquelle notre groupe de presse est confronté. Il ne s'agit pas d'un fait nouveau puisque Jaurès a dû également se battre pour assurer la survie et l'édition du journal. Très rapidement, il lança un appel à la mobilisation et aux dons, en incitant ainsi largement les lecteurs à préférer l'abonnement plutôt que l'achat au numéro pour soutenir davantage le journal. Le principe de souscription était lancé. Au-delà de cet aspect financier, il rendait ainsi, de fait, les lecteurs et les lectrices, acteurs et actrices incontournables de l'existence du journal. C'est aujourd'hui encore ce qui fait l'identité et la particularité de *l'Humanité.*

Dans son éditorial du 7 octobre 1905, intitulé « Par l'abonnement », il écrivait :

« C'est une entreprise toujours difficile de faire vivre un journal, surtout un journal de parti. Il a à lutter contre la formidable concurrence des grands journaux d'information servis par des capitaux puissants, par un outillage d'appareils et d'hommes qui leur permet de saisir tout vif, chaque jour, le mouvement du monde entier.

Si c'est un journal socialiste, et résolu à garder en toute question une absolue indépendance, bien des concours lui sont interdits ; bien des ressources lui font défaut. A moins donc d'être soulevé d'emblée par un grand événement sensationnel ou d'être rédigé par un de ces polémistes géniaux qui savent éveiller tous les jours l'imagination et la curiosité de la foule, il ne peut compter d'abord que sur la minorité militante du parti dont il propage les idées et dont il défend les grands intérêts. »

La relation entre le journal et ses lecteurs sonnait pour lui comme une évidence, avec un lien direct et quotidien. Conçu comme outil de débat et de diffusion des idées, presque comme outil de propagande, il devenait un relais possible sur leur lieu de travail, dans la sphère familiale ou amicale.

Notre but est de poursuivre et d'amplifier la bataille des idées, préalable à toute victoire électorale durable, et de lutter contre une guerre idéologique et culturelle menée par l'extrême droite. Il nous faut déconstruire les préjugés, faire tomber les peurs irrationnelles, cibler le vrai coupable qui n'est ni l'étranger, ni le chômeur, mais bien le système capitaliste. Il nous faut unir les travailleurs et travailleuses au lieu de les diviser, et réimposer un récit autour du triptyque « salaire, paix, climat ».

(Re)lire Jaurès, c'est donc se replonger dans les enjeux de son époque, mais aussi nous éclairer sur les batailles du présent. Ces éditoriaux mettent en lumière des débats sociaux d'une grande actualité, à l'aube d'un syndicalisme en plein développement : âge de départ à la retraite, droit au repos hebdomadaire, conditions de travail dans les mines, droit de vote des femmes etc.

Chaque jour, il livrait dans ce quotidien son analyse et rapportait ses combats en tant que parlementaire, les oppositions politiques qui se jouaient sur les projets de lois pour décider de l'avenir de la France, dans un contexte pesant de préparation de la guerre.

Aujourd'hui, le capital, main dans la main avec le pouvoir, est prêt à prendre un nouveau virage autoritaire et à se nicher dans les bras de l'extrême droite pour accentuer son œuvre destructrice et raboter, voire supprimer, tous les conquis sociaux du vingtième siècle que nous devons essentiellement à la lutte et à la grève des travailleurs et travailleuses. Salaire minimum, retraite, et même protection sociale, le capital est à l'offensive pour tout reprendre.

Relire ces éditoriaux, c'est entrevoir clairement l'engagement de Jaurès en faveur du progrès social. C'est une richesse qui révèle l'acuité et la lucidité dont il faisait preuve. Ses écrits sont des témoignages précieux de l'Histoire en faisant revivre des figures actives du début du vingtième siècle.

Ces éditoriaux sont un trésor compilé et sanctuarisé dans ce bel ouvrage, un trésor que nous voulons également transmettre aux jeunes générations, tant ils sont source d'inspiration.

Jaurès a marqué l'histoire contemporaine de France, voire d'Europe. Il a marqué l'histoire du socialisme et de la gauche. Il en est une figure tutélaire et conciliatrice. Rares sont celles et ceux qui font autant consensus, réunissant les modérés comme les révolutionnaires dans le camp de la gauche de progrès.

Il fut tout à la fois un penseur, un des fondateurs du socialisme politique, un idéaliste pour qu'advienne un monde meilleur. Ses combats restent d'actualité et traversent des générations de militants et militantes.

Fondateur du journal *l'Humanité* en 1904, journal par essence socialiste, il voulait offrir aux classes populaires, ouvriers et paysans, les clés pour combattre les idées de haine. Jaurès a aussi marqué l'histoire de la presse écrite, avec ce quotidien national à l'identité politique assumée et revendiquée.

120 ans plus tard, avec toute la modestie qu'il convient, nous sommes fiers de faire partie de ses héritiers et de poursuivre chaque jour le but qu'il s'était fixé : que les masses populaires s'emparent des idées que nous nommons communisme, pour qu'elles deviennent majoritaires et irriguent l'ensemble de la société.

Troublante coïncidence à l'heure où le Rassemblement National poursuit son ascension, nous rappelant combien le combat pour l'émancipation humaine est difficile, et jamais acquis.

En ce sens, *l'Humanité* reste ce journal communiste et poursuit son rôle d'éveil des consciences, d'écho des luttes d'émancipation des peuples partout dans le monde pour défier les discours dominants. Ceci est un inchangé depuis 120 ans.

Ce qui a évolué, c'est la place de la presse écrite dans le paysage médiatique et les difficultés inhérentes à ce secteur de façon globale. L'évolution des pratiques et du rapport à la lecture pourrait rendre l'objet journal presque anachronique. Nos éditions papier, quotidiennes et hebdomadaires, restent évidemment la base du travail de *l'Humanité*, auxquelles il faut ajouter un déploiement sur les espaces numériques et la vidéo afin de renforcer notre audience et ainsi participer à la bataille des idées sur tous les supports.

Face aux périls de l'extrême droite qui menacent nos libertés publiques et nos droits sociaux, nous restons déterminés à faire de *l'Humanité* le journal des possibles pour une République sociale, laïque et démocratique, féministe et écologique ; pour dépasser le système capitaliste.

Parce qu'en tant que forme d'organisation la République favorise la dignité pour toutes les personnes de la nation, elle est un modèle qui a inspiré les régimes démocratiques à travers le monde. La République politique est née en 1789 avec la proclamation souveraine des droits fondamentaux qui a donné à tout individu, indépendamment de ses origines sociales, la même dignité et les mêmes droits.

Ce socle est fondamental. L'attaquer menace la République. Nous nous situons précisément dans ce moment-là. Les politiques ultra libérales de ces dernières années ont fragilisé les fondements de notre société, ont abimé la classe des producteurs, lasse de subir et de perdre des droits, de voir reculer ou fermer les services publics dans de nombreux territoires. Nous vivons un point de bascule, un point de rupture, qui à bien des égards, présente des similitudes avec les grandes années Jaurès.

Ainsi écrivait-il dans sa profession de foi en vue des élections législatives de 1906 :

« Citoyens, la République est le seul gouvernement qui convienne à la dignité de l'homme, car elle seule met en jeu la raison et la responsabilité de tous. Seule aussi, par l'exercice toujours plus efficace de la volonté populaire toujours plus éclairée, par le libre mouvement des idées et la puissante action légale de la classe ouvrière, elle peut assurer l'évolution pacifique des sociétés vers des formes meilleures. Cette République nécessaire, les réacteurs la menacent sans cesse. Quand ils n'ont pu la tuer par la violence, ils essaient de la tuer par le mensonge ».

Ces propos font écho aux méthodes employées par l'extrême droite aujourd'hui. Comble de l'indécence et de l'instrumentalisation par le mensonge, alors qu'il a été assassiné par le nationaliste Raoul Villain, ses héritiers d'extrême droite osent se revendiquer de l'héritage de Jaurès.

Nous ne les laisserons pas faire. La gauche politique et le peuple de gauche, incarnés par le Nouveau Front populaire, viennent de rouvrir un chemin d'espoir. La responsabilité est immense. Approprions-nous et diffusons la pensée de Jaurès, dont tout le combat politique visait l'avènement d'une république sociale et le pacifisme. Deux concepts inextricables qui s'alimentent, deux objectifs toujours à atteindre. Il n'y a pas de paix véritable et complète sans que chaque individu ait les moyens de son existence.

De toutes ces idées de progrès qui irriguent les écrits de Jaurès, le fil de conducteur en demeure l'intervention populaire du plus grand nombre. Les écrits de Jaurès résonnent comme des appels à l'action pour œuvrer à la transformation sociale, et prennent encore plus de sens aujourd'hui.

Que ces lectures nous soient collectivement inspirantes ! Vive *l'Humanité* !

« J'ose dire que nous avons le droit de leur adresser cet appel, car le journal du Parti a fait un grand effort dont ils sont eux-mêmes les témoins, pour être à la hauteur de son rôle, pour devenir à la fois un outil d'information, un moyen d'éducation et une arme de combat. »

Jean Jaurès

Partie I
Pour *l'Humanité*

Notre But, 18 avril 1904 / Par l'abonnement, 7 octobre 1905 /
Par la classe ouvrière, 10 août 1906 / Notre crise, 5 octobre 1906 /
La curée prochaine, 30 juin 1909 /
Pour le développement de *l'Humanité*, campagne d'abonnement, 11 novembre 1913 /

L'Humanité du 18 avril 1904

Notre but

Le titre même de ce journal, en son ampleur, marque exactement ce que notre parti se propose. C'est, en effet, à la réalisation de l'humanité que travaillent tous les socialistes. L'humanité n'existe point encore ou elle existe à peine. À l'intérieur de chaque nation, elle est compromise et comme brisée, par l'antagonisme des classes, par l'inévitable lutte de l'oligarchie capitaliste et du prolétariat. Seul le socialisme, en absorbant toutes les classes dans la propriété commune des moyens de travail, résoudra cet antagonisme et fera de chaque nation enfin réconciliée avec elle-même une parcelle d'humanité.

De nations à nations, c'est un régime barbare de défiance, de ruse, de haine, de violence qui prévaut encore.

Même quand elles semblent à l'état de paix, elles portent la trace des guerres d'hier, l'inquiétude des guerres de demain : et comment donner le beau nom d'humanité à ce chaos de nations hostiles et blessées, à cet amas de lambeaux sanglants ? Le sublime effort du prolétariat international, c'est de réconcilier tous les peuples par l'universelle justice sociale. Alors vraiment, mais seulement alors, il y aura une humanité réfléchissant à son unité supérieure dans la diversité vivante des nations amies et libres. Vers ce grand but d'humanité, c'est par des moyens d'humanité aussi que va le socialisme. À mesure que se développent chez les peuples et les individus la démocratie et la raison, l'histoire est dissipée de recourir à la violence. Que le suffrage universel s'affirme et s'éclaire ; qu'une vigoureuse éducation laïque ouvre les esprits aux idées nouvelles, et développe l'habitude de la réflexion ; que le prolétariat s'organise et se groupe selon la loi toujours plus équitable et plus large ; et la grande transformation sociale qui doit libérer les hommes de la propriété oligarchique, s'accomplira sans les violences qui, il y a cent dix ans, ensanglantèrent la Révolution démocratique et bourgeoise, et dont s'affligeait, en une admirable lettre, notre grand communiste Bafeuf.

Cette nécessaire évolution sociale sera d'autant plus aisée que tous les socialistes, tous les prolétaires, seront plus étroitement unis. C'est cette union, que tous ici, dans ce journal, nous voulons travailler. Je sais bien quel est aujourd'hui, dans tous les pays, l'âpreté des controverses et des polémiques contre les socialistes. Je sais quel est le conflit des méthodes et des tactiques ; et il y aurait enfantillage à prétendre couvrir ces oppositions d'une unité extérieure et factice. L'union ne peut naître de la confusion. Nous défendrons toujours ici, en toute netteté et loyauté, les méthodes d'action qui nous semblent les plus efficaces et les plus sûres. Mais nous ne voulons pas aggraver, par l'insistance des controverses et le venin des polémiques, des dissentiments qui furent sans doute inévitables, et que le temps et la force des choses résoudront certainement. Socialistes révolutionnaires et socialistes réformistes sont avant tout, pour nous, des socialistes. S'il est des groupes qui, çà et là, se laissent entraîner par passion sectaire à faire le jeu de la contre-révolution, nous les combattrons avec fermeté. Mais nous savons que dans les deux fractions socialistes, les dévouements abondent à la République, à la pensée libre, au prolétariat, à la Révolution sociale. Sous des formules diverses, dont quelques-unes nous paraissent surannées et par conséquent dangereuses, tous les socialistes servent la même cause. Et l'on verra à l'épreuve que, sans rien abandonner de nos conceptions propres, nous tâcherons ici de seconder l'effort de tous.

Nous voudrions de même que le journal fût en communion constante avec tout le mouvement ouvrier, syndical et coopératif. Certes, ici encore, il y a bien des divergences de méthode. Et ceux qui tentent de détourner de l'action politique le prolétariat organisé, commettent, à notre sens, une erreur funeste. Mais que serait et que vaudrait cette action politique sans une forte organisation économique de la classe ouvrière, sans une vive action continue du prolétariat lui-même ? Voilà pourquoi, sans nous arrêter aux diversités et aux contrariétés de tactiques et de formules, nous serons heureux d'accueillir ici toutes les communications où se manifestera la vie ouvrière ; et nous seconderons de notre mieux tous les efforts de groupement syndical et coopératif du prolétariat. Ainsi la largeur même et le mouvement de la vie nous mettrons en garde contre toute tentation sectaire et tout esprit de coterie.

C'est par des informations étendues et exactes que nous voudrions donner à toutes les intelligences libres le moyen de comprendre et de juger elles-mêmes les événements du monde. La grande cause socialiste et prolétarienne n'a besoin ni du mensonge, ni du demi-mensonge, ni des informations tendancieuses, ni des nouvelles forcées ou tronquées, ni des procédés obliques ou calomnieux. Elle n'a besoin ni qu'on diminue ou rabaisse injustement les adversaires, ni qu'on mutile les faits. Il n'y a que les classes en décadence qui ont peur de toute la vérité ; et je voudrais que la démocratie socialiste unie à nous de cœur et de pensée, fût fière bientôt de constater avec nous que tous les partis et toutes les classes sont obligés de reconnaître la loyauté de nos comptes-rendus, la sûreté de nos renseignements, l'exactitude contrôlée de nos correspondances. J'ose dire que c'est par là vraiment que nous marquerons tout notre respect pour le prolétariat. Il verra bien, je l'espère, que ce souci constant et scrupuleux de la vérité même dans les plus âpres batailles, n'émousse pas la vigueur du combat ; il donne au contraire aux coups portés contre le préjugé, l'injustice et le mensonge une force décisive.

Mais tout cela ne serait rien et toute notre tentative serait vaine ou même dangereuse si l'entière indépendance du journal n'était point assurée et s'il pouvait être livré, par des difficultés financières, à des influences occultes. L'indépendance du journal est entière. Les capitaux, dès maintenant souscrits, sont suffisants pour nous permettre d'attendre le développement espéré du journal. Et ils ont été souscrits sans condition aucune. Aucun groupe d'intérêts ne peut directement ou indirectement peser sur la politique de *l'Humanité*. De plus, nous avons inscrit dans les statuts que l'apport de travail fait par les collaborateurs du journal serait représenté par des actions appelées « actions d'apport » qui permettent à la rédaction et à la direction politique de faire équilibre dans la gestion de l'entreprise aux actions en numéraire. C'est, dans la constitution de notre journal, une garantie certaine d'indépendance.

C'est à mon nom, comme directeur politique représentant la direction, que se sont inscrites ces actions d'apport. Ai-je besoin de dire que ce n'est là une spéculation ni de ma part, ni de la part de mes collaborateurs ? D'abord, les actions d'apport ne recevront une part quelconque de bénéfice que lorsque les actions représentant le capital en numéraire, celles qui ont été déjà souscrites et celles qui le seront plus tard, auront reçu un dividende de six pour cent. Mais surtout, par une lettre annexée à mon contrat de direction, je remets d'avance au conseil d'administration, composé d'hommes choisis parmi nos amis, les bénéfices éventuels qui pourraient ressortir aux actions d'apport. Il devra en disposer pour développer le journal, pour améliorer la condition de tous les collaborateurs et pour contribuer à des oeuvres de propagande socialiste et d'organisation ouvrière.

Dans ces conditions, quand l'heure sera venue pour nous d'accroître le capital du journal, c'est en toute confiance que nous ferons un appel public à la démocratie et au prolétariat. Faire vivre un grand journal sans qu'il soit à la merci d'autre groupe d'affaires, est un problème difficile mais non pas insoluble. Tous ici, nous nous donnerons un plein effort de conscience et de travail pour mériter ce succès : que la démocratie et le prolétariat nous y aident.

L'Humanité du 7 octobre 1905

Par l'abonnement

C'est une entreprise toujours difficile de faire vivre un journal, surtout un journal de parti. Il a à lutter contre la formidable concurrence des grands journaux d'information servis par des capitaux puissants, par un outillage d'appareils et d'hommes qui leur permet de saisir tout vif, chaque jour, le mouvement du monde entier. Si c'est un journal socialiste, et résolu à garder en toute question une absolue indépendance, bien des concours lui sont interdits ; bien des ressources lui font défaut. A moins donc d'être soulevé d'emblée par un grand événement sensationnel ou d'être rédigé par un de ces polémistes géniaux qui savent éveiller tous les jours l'imagination et la curiosité de la foule, il ne peut compter d'abord que sur la minorité militante du parti dont il propage les idées et dont il défend les grands intérêts. La classe ouvrière française, malgré sa puissance croissante d'organisation, n'a pu faire vivre encore à Paris un organe quotidien. Nous n'avons pas eu jusqu'ici ces grands succès de vente qui mettent d'emblée un journal au-dessus de tous les embarras.

Nous réussissons cependant, avec le concours dévoué de quelques amis et au prix d'un grand effort de travail personnel, à soutenir le poids d'un quotidien politique ; et j'espère que nous sortirons bientôt de l'ère des difficultés. Mais pourquoi nos lecteurs ne nous y aideraient-ils pas ? Ils le peuvent sans aucun sacrifice de leur part, rien qu'en s'abonnant au lieu d'acheter au numéro. Pour les journaux qui n'ont pas atteint ce degré de puissance où la vente directe est possible, les intermédiaires absorbent naturellement, nécessairement le bénéfice et souvent au-delà. Au point de développement où en est *l'Humanité*, chaque acheteur au numéro, en province, coûte au journal, par année, 1,45 F. Et chaque acheteur au numéro à Paris ne représente que le minime bénéfice de 2,20 F par an. Au contraire, le journal a, sur chaque abonné, un bénéfice appréciable de 7,65 F par an, sans que l'abonné ait dépensé en fin de compte un centime de plus.

C'est cette pratique de l'abonnement universelle en Allemagne, qui y fait la force et la prospérité des journaux. Le grand journal socialiste, le *Vorwaerts*, n'a guère que des abonnés, et c'est l'indice que cette habitude peut pénétrer dans la classe ouvrière. Je demande à nos lecteurs, à ceux qui croient à l'utilité politique et sociale de l'œuvre que nous poursuivons, de faire un léger effort et de s'abonner. Ils peuvent s'abonner au trimestre et au mois comme à l'année. Ainsi ils n'ont à faire, chaque fois, qu'une bien modeste avance ; et sans que leur budget soit grevé en fin d'année d'un sou de plus, ils peuvent assurer la prospérité d'un journal qui travaille d'un grand et sincère effort à l'émancipation de la classe ouvrière et à l'éducation socialiste de la démocratie.

Depuis près de deux années, nous avons pris part à toutes les luttes d'idées, à toutes les grandes batailles qui ont mis aux prises les partis, les castes, les classes. Dès les premiers jours, par la publication de la lettre pontificale, nous avons accéléré le mouvement vers la séparation des Églises et de l'État; et nous n'avons cessé un instant de coopérer à cette grande œuvre. Contre le cléricalisme et l'hypocrite vertu nationaliste maintenant effondrée, nous avons lutté sans trêve. Sans défaillance aussi nous avons signalé les périls et les intrigues qui menaçaient la paix de l'Europe, les efforts du tsarisme aux abois pour nous envelopper dans une guerre insensée et pour nous brouiller avec le Japon, les machinations puériles et dangereuses de M. Delcassé cherchant dans des combinaisons d'alliances non un moyen d'affermir la paix et l'équilibre international, mais un instrument contre l'Allemagne. Oserai-je dire que si nos avertissements répétés, presque quotidiens, avaient été entendus plus tôt, la crise redoutable et obscure dont nous sortons à peine aurait été épargnée à notre pays et au monde ?

Et maintenant plus que jamais il apparaît aux esprits sincères que dans le socialisme est la garantie, qu'en lui seul est le salut. Seul il peut concilier l'autonomie des nations et la justice internationale. Seul il peut, à l'intérieur de chaque nation, concilier la liberté vraie des individus et le droit de la collectivité, en faisant de la propriété sociale la base sur laquelle toutes les énergies individuelles pourront s'appuyer et se développer.

Tant pis pour les sophistes qui essaient de dénoncer cette nécessaire affirmation socialiste comme une violation du devoir républicain ! Républicains nous sommes, passionnément, profondément; et ceux qui affectent de nous croire capables de faire, par action ou par omission, le jeu des réactionnaires, nationalistes, cléricaux, progressistes, ceux-là ne peuvent pas prendre au sérieux la calomnie lancée contre nous. Mais nous ne voulons pas que la République soit pour le prolétariat une duperie. Nous ne voulons pas qu'elle soit un mensonge. Nous ne voulons pas qu'elle puisse prolonger sur une classe ouvrière résignée, l'exploitation sociale des régimes passés. C'est plus que le droit, c'est le devoir des travailleurs, ouvriers et paysans, d'opposer leur revendication totale, leur volonté communiste et internationaliste, aux systèmes de réaction qui maintiennent le privilège capitaliste, aux systèmes d'incertitude et d'équivoque qui affaiblissent ou égarent l'élan du prolétariat. Oui, des réformes, mais nettement orientées vers la propriété sociale. Oui, la République, mais tous les jours plus largement pénétrée de l'esprit prolétarien, tous les jours plus animée du souffle socialiste. Voilà l'œuvre que nous voulons poursuivre ici avec tous les militants, avec ce grand parti socialiste « unifié », que l'on raille parfois, mais que l'on redoute, auquel se rallieront bientôt les quelques groupes qui hésitent encore et qui déploiera, sur le terrain de la République, la vaste bataille de la classe ouvrière organisée pour la conquête du pouvoir et de la propriété !

Ce sera une grande joie pour nous quand nous pourrons transmettre à ce parti un journal définitivement vainqueur de toutes les difficultés et assuré d'un développement normal. Est-ce trop demander à nos lecteurs de nous aider dans cette œuvre en faisant simplement l'effort de s'abonner au journal au lieu de l'acheter au numéro ? C'est sans doute une violence aux habitudes françaises ; mais pourquoi cette routine continuerait-elle à peser sur nous ? Ce seul changement d'habitude suffirait à transformer, pour toute la presse socialiste, une situation souvent difficile en une situation prospère et forte. Quand cette idée sera bien entrée dans l'esprit des militants, quand ils comprendront quel intérêt immense il y a, pour un journal, à ce que ses acheteurs au numéro deviennent des abonnés, ils s'imposeront joyeusement cette sorte de discipline qui ne leur coûtera pas un centime de plus, mais qui fera bénéficier le journal de toute la recette qui va maintenant aux intermédiaires. Là est pour la presse socialiste, dont les conditions d'existence sont souvent très difficiles, le salut et même la prospérité.

L'Humanité du 10 août 1906

Par la classe ouvrière

Je suis sûr que les lecteurs de *l'Humanité*, travailleurs, socialistes, démocrates nous sauront gré de leur permettre de suivre le mouvement ouvrier, syndical et coopératif, interprété par ceux-là mêmes qui y prennent une grande part. Je voudrais que ce journal pût traduire toute la pensée de la classe ouvrière politiquement organisée dans le Parti socialiste, économiquement organisée dans les coopératives et les syndicats.

Qu'importent, dès lors, les divergences de vues qui subsistent dans bien des questions de méthode entre plusieurs de nos collaborateurs nouveaux et nous ? Ce n'est ni par autorité, ni par surprise que se réalisera l'unité d'idée et d'action. Il faut d'abord et essentiellement que le prolétariat puisse exprimer toute sa conscience, formuler toute son expérience en toute liberté. Je crois, avec nos amis socialistes, que la conquête méthodique du pouvoir politique est la condition nécessaire de l'affranchissement du prolétariat et de l'institution d'un monde nouveau où la souveraineté du travail absorbera la puissance du capital. Je crois aussi que pour le renversement de la société capitaliste, pour l'élaboration de la société collectiviste et communiste, le concours de la force politique et de la force économique du prolétariat est nécessaire. Voilà pourquoi je désire, avec nos amis, non pas une confusion, mais un rapprochement de l'organisme politique et de l'organisme économique de la classe ouvrière. Chacun de ces organismes évoluerait librement, mais dans un esprit de coopération. Au contraire, parmi les militants ouvriers qui veulent bien collaborer, ici à la tribune syndicale ou coopérative, il en est plusieurs qui ont une grande défiance, ou même une grande hostilité à l'égard du mouvement politique électoral parlementaire. Ils redoutent que même le simple rapprochement de l'organisme politique socialiste et de l'organisme syndical ne communique à celui-ci des germes de confusion ou de discorde. Ils ne veulent pas que l'action propre du prolétariat, marchant à sa fin révolutionnaire par ses propres forces, risque d'être énervée par ce qu'ils appellent les combinaisons ou les compromissions ou les illusions de la politique. En venant ici, ils n'abdiquent ou n'atténuent aucune de leurs idées, pas plus que nous n'abandonnons ou n'atténuons aucune des nôtres.

La classe ouvrière est majeure : elle peut supporter la diversité des vues et des conceptions, pourvu que tout l'effort soit sincèrement dirigé vers la libération totale. L'avènement du collectivisme ne sera, pour les travailleurs, une tutelle nouvelle ou d'intellectuels, ou de bureaucrates : ce sera vraiment la souveraineté du travail organisé. Cette souveraineté directe, cette action autonome, les travailleurs en font dès maintenant l'apprentissage dans leurs coopératives et leurs syndicats. Cette autonomie, ils doivent l'exercer aussi dans l'ordre de la pensée en soumettant à leur libre critique toutes les théories, toutes les tactiques, toutes les formules d'émancipation qui leur sont proposées par des esprits libres.

Ce qui importe, c'est que les divergences de vues ne soient pas aggravées par des malentendus. Or, rien n'aggrave les malentendus comme l'ignorance. A expliquer, à préciser devant un même prolétariat leurs thèses diverses, les militants apprendront à se mieux connaître, j'entends à mieux comprendre les idées, les uns des autres. Et il sera d'autant plus aisé à la classe ouvrière elle-même de résoudre les oppositions et de créer l'unité d'action et de mouvement qu'elle connaîtra mieux tous les points de vue. Il est impossible qu'une mutuelle estime ne concilie pas ceux qui, par des voies diverses, veulent aller au même but, et travailler sincèrement, de toute leur force, à la délivrance du travail opprimé. C'est dans cet esprit que je souhaite ici la bienvenue aux militants du syndicat et de la coopération.

Pour nous, socialistes « parlementaires », nous n'enfermons pas toute l'activité du Parti dans l'enceinte du Parlement, nous croyons que notre effort nécessaire resterait vain si la classe ouvrière n'était pas puissante et organisée. Mais il est dans la nature des choses que les combinaisons de la lutte parlementaire obsèdent et envahissent trop notre esprit. Cette tribune syndicale et coopérative quotidienne nous rappellera sans cesse les combats, les tentatives, les souffrances, les expériences, les évictions de la classe ouvrière. C'est la vie même du prolétariat, si vaste, si diverse, si tourmentée, qui passera sans cesse dans l'esprit des socialistes comme un courant énergique et chaud. Ce sera pour nous tous un renouvellement incessant d'ardeur, d'énergie, d'effort.

En ce moment, par exemple, l'application prochaine de la loi sur le repos hebdomadaire tient en éveil un grand nombre de corporations. Bien des questions sont posées ; bien des conflits sont possibles si le patronat ne se prête pas à l'exécution loyale et équitable de la loi. Les militants mêlés à la lutte ouvrière traduiront ici la pensée, les revendications du prolétariat, ils chercheront dans tous les incidents de la bataille sociale l'occasion d'éclairer et d'animer les esprits en vue de la complète émancipation des travailleurs.

III

L'Humanité du 5 octobre 1906

Notre crise

Voilà bien des mois que je lutte contre les difficultés les plus graves pour soutenir ce journal. J'ai pu y réussir jusqu'ici, grâce au concours admirable d'amis désintéressés et au dévouement infatigable de tous nos camarades de *l'Humanité*. Maintenant, nos forces sont à bout, et si nous ne recevons pas une aide immédiate, nous succomberons au fardeau.

Certes, ce journal représente déjà une force politique considérable, et qui irait grandissant à mesure que grandit le Parti socialiste. Il représenterait aussi une valeur commerciale sérieuse si nous avions du temps devant nous. Le journal, en ce moment même qui est une période de morte-saison pour les journaux politiques, vend tous les jours trente mille exemplaires, dix mille à Paris (sans compter la banlieue), dix-sept mille en banlieue et province, et il a trois mille six cents abonnés. C'est un chiffre bien faible à côté des tirages énormes de la grande presse d'information. Mais quand on songe aux difficultés inévitables que rencontre pour son développement un journal purement politique, qui n'est qu'à quatre pages et qui n'est pas outillé par de vastes capitaux, il faut reconnaître que c'est un résultat important. Malheureusement, un déficit d'environ treize mille francs par mois pèse encore sur nous, et en s'accumulant nous écrase. Ce déficit pourrait être notablement réduit, non point par des économies sur les frais de rédaction qui ne peuvent pas descendre plus bas, mais par des économies administratives dont l'effet se ferait sentir dans quelques mois. Il suffirait d'un relèvement de la vente de dix mille numéros environ et de trois mille abonnements nouveaux pour que le budget du journal atteignît le point d'équilibre. Et comme le journal progresse d'un mouvement lent mais continu, il est raisonnable d'espérer ce résultat. Mais je le répète : les charges présentes nous accablent, et nous sommes dans l'impossibilité matérielle et morale de continuer.

Des concours qui nous sauveraient financièrement m'ont été offerts : mais à des conditions inacceptables pour nous. Les uns m'ont apporté, il y a quatre jours, deux cent mille francs, c'est-à-dire le salut certain et définitif, mais à condition que nous cessions toute campagne contre les « finances russes », et que nous ne protestions pas contre les nouveaux emprunts que médite le tsarisme sur le marché français pour mieux égorger la liberté russe. D'autres m'ont demandé en échange de leur concours immédiat de fâcheuses interventions auprès du gouvernement. Il vaut mieux que nous disparaissions, si la vie est à ce prix, et que nous préparions la liquidation du journal dans des conditions honorables pour lui et pour nous.

C'est pour moi et mes collaborateurs une douleur profonde de voir avorter l'effort de travail et d'intégrité que nous avons fait ici depuis deux ans et demi. Ce journal s'est associé aux grandes luttes d'émancipation laïque. Il a travaillé à l'œuvre si féconde de l'unité socialiste. Dans la grande bataille de mai, il a su concilier l'énergique affirmation socialiste et prolétarienne et le devoir républicain. Toujours il a dénoncé les manoeuvres ou les entraînements qui pouvaient compromettre la paix; il s'est associé à tous les efforts de libération des peuples opprimés et du prolétariat exploité. Maintenant, nous nous préparions à aborder ici tous les problèmes que va soulever la période de réforme sociale où nous entrons. Oui, c'est une grande tristesse pour nous de voir cet instrument de combat, dont nous n'avons jamais fait qu'un usage désintéressé et noble, se briser en nos mains.

Mais, encore une fois, nous sommes à bout de ressources. Pour moi, qui ai mené depuis plus d'un an, sous le fouet d'incessants soucis, une vie terriblement dure, je puis me rendre ce témoignage que je cède, non par lassitude ou lâcheté, mais à la dernière extrémité. Avant tout, nous devons sauvegarder notre intégrité politique et morale. Nos actionnaires sont convoqués pour le lundi 15 octobre, afin de statuer sur une liquidation qui doit être pleinement honorable pour le journal et pour nous. J'aurais voulu pouvoir prolonger l'existence du journal jusqu'au 10 novembre, pour donner encore à des concours sérieux et probes le temps de se produire, si quelque chance reste encore en ce sens et pour exposer une fois de plus, au Congrès de Limoges notre situation au Parti qui n'a pu, trop jeune encore et trop faible, assumer la charge et la propriété de l'entreprise.

Mais la nécessité nous presse et nous ne pouvons pas honnêtement grever encore le journal. Je prie cependant les ouvriers, les socialistes de ne pas nous abandonner en cette crise suprême, et de redoubler au contraire leur effort de propagande comme si nous devions vivre. Il faut que chacun fasse son devoir jusqu'au bout. C'est parfois de l'extrémité du péril que vient le salut.

III

L'Humanité du 30 juin 1909

La curée prochaine

Hier matin les administrateurs de *l'Humanité* ont reçu la visite d'un publiciste qui leur offrait de mener dans nos colonnes au profit de tels ou tels fournisseurs de la marine une campagne fructueuse. Il s'agissait, en vue du prochain programme de travaux, de dériver les commandes vers certains types industriels. Nos amis ont fait la réponse qui convenait. Mais voilà le cas que les grands fournisseurs, les grands capitalistes, font des enquêtes. On pourra voter ce qu'on voudra, ils s'en moquent. Une seule chose les intéresse : c'est qu'au bout des paroles et des votes il y aura un nouveau programme de dépenses, de nouveaux crédits.

Et ils essaient de se tailler d'avance la plus large part en corrompant la presse, en trompant l'opinion, en compromettant les hommes publics. Il faudrait pour empêcher la curée, une énergie de fer, et la France n'a à son service qu'un ministère sans principes, manipulant une majorité sans ressort, tout entière absorbée par des soucis d'arrondissement, par des besognes de clientèle.

III

L'Humanité, 11 novembre 1913

Abonnez-vous !

Nous publions aujourd'hui le tableau des conférences organisées pour les derniers jours de novembre en vue d'assurer et de développer *l'Humanité*[1].

Qu'il nous soit permis, tout d'abord, de remercier au nom du journal nos camarades du groupe socialiste au Parlement et de la CAP[2] qui, si largement, nous ont donné leur concours. Nous remercions en même temps les fédérations de l'empressement avec lequel elles ont assuré l'organisation matérielle des conférences.

Il y a partout un élan, une bonne volonté qui permettent d'espérer un plein succès. Ce que nous demandons à tous les militants, à tous les travailleurs socialistes qui comprennent toute la valeur d'un journal indépendant et probe, c'est de lui recruter tous les jours de nouveaux lecteurs, et c'est surtout de transformer en abonnés le plus grand nombre possible des lecteurs actuels de *l'Humanité*.

À Paris, la vente au numéro, moins productive que l'abonnement, est cependant productive encore. En province, les 45 000 exemplaires vendus au numéro ne rapportent rien, et c'est à peine s'ils ne coûtent pas. Il dépend de ces 45 000 acheteurs de province de devenir subitement pour le journal en s'abonnant une force financière et une ressource.

Nous savons très bien que nous leur demandons par là un sacrifice. Ce sera d'abord un léger sacrifice d'argent, puisque le prix d'abonnement, en dehors de Paris et de Seine-et-Oise, est supérieur au prix d'achat au numéro, de trois francs par an. Ce sacrifice pécuniaire est, il est vrai, compensé par la prime. Mais surtout les abonnés sont exposés à recevoir le journal un peu plus tard dans la journée et au-delà d'un rayon de 150 kilomètres autour de Paris, ils ne l'ont pas le dimanche.

Mais c'est précisément parce que nous demandons un sacrifice à nos amis de province que nous comptons sur une réponse favorable. Ils liront parfois leur journal quelques heures plus tard, mais en le lisant ils n'auront pas seulement la joie de s'armer pour la bataille, de s'approvisionner de faits et d'idées pour la propagande, pour la controverse et pour le combat, ils auront la satisfaction de se dire qu'ils contribuent à la vie de *l'Humanité*, qu'au lieu d'être pour elle financièrement ou une charge ou un élément neutre, ils sont une ressource et une force. Ils pourront se dire qu'ils sont comme une partie vivante de son budget des recettes, ils deviendront en quelque sorte ses collaborateurs.

C'est par eux, c'est par leur esprit de discipline, c'est par leur désintéressement, d'autant plus difficile et noble qu'il sera de tous les jours et de toutes les heures, que *l'Humanité* vivra et grandira. Par eux, par leur souci constant, par leur dévouement familier et affectueux, le Parti aura à sa disposition un journal puissant, affranchi de toutes préoccupations comme il est libre de toute entrave.

J'ose dire que nous avons le droit de leur adresser cet appel, car le journal du Parti a fait un grand effort dont ils sont eux-mêmes les témoins, pour être à la hauteur de son rôle, pour devenir à la fois un outil d'information, un moyen d'éducation et une arme de combat.

Bracke [3] nous disait hier qu'à Bruxelles, où il était allé donner une conférence, nos camarades belges l'avaient chargé de féliciter le Parti pour les progrès techniques réalisés par le journal *l'Humanité*. Tous nos collaborateurs, ceux de l'étranger comme ceux de France, ont rivalisé de zèle, et c'est en leur nom, comme en celui du Parti tout entier que je prie les 45 000 lecteurs de *l'Humanité* de la province de nous donner, en devenant des abonnés, une force que rien ne puisse entamer.

C'est une noble entreprise de créer dans le monde capitaliste moderne un journal qui soit tout entier la propriété d'un parti et qui soit tout entier affranchi de toute ingérence extérieure politique ou financière. C'est notre devoir et c'est notre honneur d'écarter toute publicité de finance (4).

Car la finance et la politique sont aujourd'hui si étroitement mêlées, les rapports du capitalisme et de l'État sont si multiples, les concessions de tout ordre mettent si complètement aux prises les intérêts du capitalisme et ceux de la nation, les emprunts extérieurs et la diplomatie s'enchevêtrent en de si étranges replis et des nœuds si multipliés qu'un journal n'est libre de son action nationale et internationale qu'à la condition de rejeter des subventions et des concours qui, pris en soi, pourraient paraître innocents à des citoyens inattentifs.

Oui, mais comme les ressources de cet ordre sont trop souvent une partie du budget de la presse, il faut que dans la nôtre il y soit suppléé par le dévouement et le zèle des militants. L'effort de la finance pour s'emparer partout des sources d'information est immense. En ce moment même la grande presse anglaise, qui avait su jusqu'ici assurer son indépendance par une puissante organisation commerciale, est obligée de se défendre contre des tentatives suspectes.

Une agence d'information et de réclame a promis par une circulaire à tous ceux qui s'adresseraient à elle d'introduire la défense de leurs intérêts jusque dans les éditoriaux, jusque dans les articles de fond des grands journaux d'Angleterre. Bientôt un journal pleinement indépendant sera un des grands luxes de la pensée humaine ; et une des gloires du Parti socialiste sera de donner à l'intelligence et à la conscience des hommes cette garantie et cette sécurité.

Encore une fois, il suffit que nos lecteurs de province, en s'imposant à eux-mêmes, pour leur Parti et pour leur classe, l'ennui dont j'ai parlé, deviennent des abonnés, au lieu de rester des acheteurs au numéro, pour que notre journal, leur journal, ait une base aussi solide que le roc, et aussi limpide que le cristal.

J'ajoute, mais c'est une idée que je préciserai un jour prochain, que jamais le devoir ne s'imposa à nous plus impérieusement de constituer un journal de lumière, de libre combat et de probité.

Les problèmes que la France a à résoudre sont d'une gravité croissante. Vie publique décomposée, institution militaire dissoute par la réaction, défense nationale compromise, école laïque menacée, budget en déficit, réforme fiscale combattue par les réacteurs et détournée de son grand objet social par l'énormité du déficit colonial et militaire, tous les problèmes surgissent à la fois, et les batailles qui s'annoncent exigent de tout le Parti socialiste l'ardeur, le dévouement, l'enthousiasme, le sentiment passionné et continu du devoir.

Pour nos lecteurs, pour nos amis, ce devoir a maintenant une forme précise : ABONNEZ-VOUS !

(1) Si *l'Humanité* s'est sortie de la grave crise financière qu'elle a connue en 1906, connaît une augmentation de son lectorat et a pu passer à six pages en janvier 1913, l'équilibre budgétaire du journal reste toujours fragile. Cela explique cet appel à l'abonnement et à la participation des militants à la vente, pratiques qui seront d'ailleurs reprises par Marcel Cachin durant la guerre. Voir Alexandre Courban, *l'Humanité* de Jaurès à Cachin, 1904.1939, Paris, Éditions de l'Atelier, 2014.

(2) Commission administrative permanente, l'organe dirigeant de la SFIO.

(3) Alexandre-Marie Desrousseaux, dit Bracke (1861-1955), savant helléniste, l'une des figures guesdistes au sein de la SFIO.

(4) Tout au long de la III République, les relations entre la presse et les « puissances de l'argent » suscitent de fortes critiques, et d'importants débats. Voir Patrick Eveno, L'argent de la presse française des années 1820 à nos jours, Paris, CTHS Éditions, 2003.

L'Humanité du 15 mai 1914

Premier effet

C'est la force de l'organisation qui a préparé et assuré notre victoire [1], et maintenant cette victoire même, en communiquant au prolétariat un élan d'espérance, va accroître la force de l'organisation. Déjà, dans toutes les circonscriptions, où a été sérieusement livrée bataille, nos camarades s'emploient à consolider et à développer les groupements. Ils rappellent à tous ceux qui viennent de participer à la lutte que l'enthousiasme d'un jour ne suffit pas, qu'il faut entrer dans les cadres permanents du Parti et donner à la République sociale un dévouement permanent.

Déjà aussi la croissance du socialisme se fait sentir dans la vie du journal. Le journal du Parti a contribué au succès du Parti, et le succès du Parti contribue au succès du journal.

Dans les semaines qui ont précédé l'élection, *l'Humanité* se vendait à Paris à 26 000 exemplaires, dans les kiosques, sans parler des gares du métro. Au lendemain des scrutins du 26 avril et du 10 mai elle montait au chiffre exceptionnel de 56 000 numéros (toujours dans les kiosques seuls). Et ce qui est important et caractéristique, c'est que depuis le 26 avril elle n'est jamais redescendue au-dessous de 36 000 numéros et qu'en ce moment elle est de 45 000. Si on ajoute à cela les ventes des gares, du métro et de la banlieue, on peut dire que la vente s'élève dans la Seine à 70 000 numéros [2]. Le journal a été soulevé par la victoire du Parti comme le navire est soulevé par le flot qui monte.

Que nos camarades, encouragés par ce premier résultat, redoublent d'activité dans la propagande. Il faut qu'ils profitent du mouvement des esprits pour recommander le journal, pour le faire connaître, pour le faire aimer. Non seulement il faut qu'il ne redescende pas au-dessous du niveau où l'a porté la force des événements, mais il faut qu'il monte encore, d'un mouvement continu, d'un élan vigoureux et hardi. Et pourquoi le journal du socialisme ne deviendrait-il pas à bref délai un très grand, un très puissant journal ?

Il est la propriété collective du prolétariat, de ses organisations politiques et économiques. Il participera à la grandeur, à la croissance du socialisme lui-même. Les plus aveugles savent bien maintenant que le Parti socialiste n'est ni une secte étroite ni une combinaison artificielle. Il est une grande puissance de civilisation. Il est à la fois le parti de la démocratie et le parti du prolétariat. Il sauvegarde contre tout retour offensif les conquêtes déjà réalisées par la race humaine, et il prépare les conquêtes nouvelles, la définitive défaite de la misère, de l'ignorance, de l'inégalité sociale et de la barbarie guerrière. Partout, en Europe, il entre ou il va entrer dans l'ère de la grande action. Comment le socialisme français, qui a groupé quatorze cent mille suffrages et porté plus de cent élus au Parlement, ne donnerait-il pas à son journal un développement en harmonie avec la force grandissante du Parti lui-même ? Le journal est à la fois un journal d'informations étendues et un journal de combat. Il peut dire toute la vérité, n'étant à la merci d'aucune influence extérieure, d'aucune puissance occulte, et il lutte pour des millions de prolétaires. Il peut devenir avant peu un des plus grands journaux de France et mettre en échec les forces de mensonge déchaînées par la presse capitaliste et chauvine. Que tous nos camarades profitent du magnifique mouvement d'espérance qui se produit dans le Parti pour amener à *l'Humanité* de nouveaux lecteurs. Ils multiplieront ainsi la force du Parti lui-même.

(1) Les élections législatives des 26 avril et 10 mai 1914 sont un indéniable succès pour les socialistes qui recueillent 17 % des voix et une centaine de sièges, soit une trentaine de plus que lors de la législature précédente.

(2) Les ventes de *l'Humanité* représentent alors au total, à l'échelle nationale, autour de 115 000 exemplaires.

« Que les prolétaires défendent donc
vigoureusement les services publics
contre les campagnes systématiques
de la presse bourgeoise, et contre
les déceptions que produit dans
la classe ouvrière elle-même
une première application maladroite
et arrogamment bureaucratique
du régime de la nationalisation. »

Jean Jaurès

Partie II
La république sociale

Les retraites ouvrières et M. Rouvier, 13 juillet 1904 / L'homme et la mine, 31 mars 1906 / Pour le repos hebdomadaire, 28 octobre 1906 / L'heure de justice, Zola entre au Panthéon, 4 juin 1908 / Contre le sinistre, inondations, 27 janvier 1910 / Services publics et classe ouvrière, 19 février 1911 / Le droit politique des femmes, 9 décembre 1912 / Archaïsme, 26 décembre 1912 / Infériorité, 28 décembre 1912 / Faire bloc, 31 décembre 1912 / Finances « nationales », 3 janvier 1913 / Unité d'action, 15 janvier 1913 / Cela dépend de vous, 18 janvier 1913 / Un Lorrain et un Alsacien, 19 janvier 1913 / La question critique, 20 janvier 1913 / Le soulier de l'Auvergnat, 12 février 1913 / La grande crise, 19 mars 1913 / À perpétuité, loi des 3 ans, 12 août 1913 / La chute du ministère des trois ans, 3 décembre 1913 / La seule voie, 9 décembre 1913 / Réforme fiscale et réforme électorale, 19 décembre 1913 / Colères d'impuissance, 22 décembre 1913 / Rayons et ombres, 16 janvier 1914 / Le général Picquart est mort, 20 janvier 1914 / Le vrai combat, 14 mars 1914 / Le destin, 17 mars 1914 / Le mot difficile, 22 mars 1914 / Les conclusions profondes, 5 avril 1914 / Le même combat, 6 avril 1914 / La liberté du vote, 19 avril 1914 / Egoïsme et routine, 6 mai 1914 / Premier effet, 15 mai 1914 / L'interview de M. Combes et la situation ministérielle, 21 mai 1914 / Une journée historique, 13 juin 1914 / La vraie bataille, 22 juillet 1914 /

L'Humanité du 13 juillet 1904

Les retraites ouvrières et M. Rovier

La question des retraites ouvrières et paysannes a fait hier un pas décisif : le gouvernement a pleinement adhéré au projet de la commission. Le président du Conseil, le ministre du Commerce et le ministre des Finances ont été entendus par elle, et ils lui ont promis tout leur concours pour le succès d'un projet qui, certes, pourra être amendé par la Chambre, qui pourra surtout être développé quand il sera entré en fonctionnement, mais qui, tel quel, réalise pour le prolétariat un progrès immense.

Ce projet l'emporte par deux traits essentiels sur celui qu'avait préparé le ministère Waldeck-Rousseau. D'abord, il fixe à soixante ans, et non pas à soixante-cinq, l'âge auquel dans le régime normal, commencera la retraite, et si, dans la période transitoire il ne fait commencer la retraite qu'à soixante-cinq ans, c'est pour l'abaisser rapidement, par des séries de paliers, à soixante-quatre, soixante-trois, soixante-deux, soixante-et-un, enfin, soixante. En second lieu, tandis que le projet du précédent gouvernement ne prévoyait qu'une part contributive de l'État de 15 à 20 millions, le projet actuel prévoit une contribution de l'État qui sera dès le début d'environ 80 millions, qui s'élèvera bientôt à 120 millions et qui, dans le plein de la loi, atteindra 250 à 500 millions. M. Trouillot a accepté nettement toutes les dispositions essentielles de la loi : la retraite à soixante ans, le minimum garanti, et M. Rouvier en a reconnu, de façon expresse, la possibilité financière.

Que le gouvernement de M. Combes se déclare prêt à soutenir de toutes ses forces un projet de loi qui dépasse à ce point en hardiesse et en efficacité sociale le projet du ministère Waldeck-Rousseau, c'est un signe du progrès de l'esprit démocratique et de l'influence prolétarienne dans notre pays. Quand je parle ainsi, je ne songe nullement à opposer le ministère d'aujourd'hui à celui d'hier. Je persiste à dire au contraire, que l'un est la suite de l'autre et que leur œuvre, dans tous les ordres de questions, est indivisible. De même que la loi Waldeck-Rousseau sur les associations, si incomplète qu'elle fût, a rendu possible la vigoureuse politique de laïcité du ministère Combes, de même la loi sur les retraites ouvrières, que le ministre Millerand avait préparée et qui formulait le principe de l'obligation a ouvert les voies au projet plus vaste qu'appuie le ministère actuel.

Et le crime des anciens ministres Waldeck-Rousseau, c'est de se renier eux-mêmes, c'est de rendre malaisés à leurs successeurs l'application logique et le développement normal de la politique dont ils ont eux-mêmes semé le germe.

Ce sont surtout les déclarations financières de M. Rouvier qui étaient impatiemment attendues par la Commission. Elles sont si importantes que je crois pouvoir les reproduire, de souvenir, dans leur vérité presque littérale.

« Mon collègue M. Trouillot, parlant au nom du gouvernement, a adhéré aux principes et aux dispositions essentielles de la loi. Cela rend inutiles les quelques réserves de détail qui m'avaient été suggérées par mes services. Aussi bien je ne suis pas venu ici pour compliquer par mon attitude, moi le ministre des Finances, votre tâche très difficile et très grande. Si vous me demandez quel sera, dans une trentaine d'années d'ici, quand la loi aura son plein fonctionnement, le chiffre total de la dépense incombant à l'État, il m'est impossible de vous répondre avec certitude, car ce chiffre dépendra d'éléments variables et dont nul ne peut d'avance calculer les variations. Ainsi l'État garantit dans votre système une retraite minimale de 360 francs. Il est clair que le complément à verser par l'État sera plus ou moins fort selon que les versements de l'ouvrier et de l'employeur auront été capitalisés à un taux plus ou moins faible. »

« Vous avez calculé la dépense de l'État en supposant que le taux de l'intérêt sera de 3 pour 100. Or, le taux de l'intérêt baissera probablement dans la période de trente ans qui va suivre, si la paix n'est pas troublée. Il y aura, dans une dizaine d'années, des remboursements considérables faits par les Compagnies de chemins de fer, par les sociétés nombreuses qui se sont constituées après la loi de 1867. Tous ces capitaux disponibles chercheront un emploi, et ils se porteront, au moins en partie, sur la rente, dont l'intérêt baissera. Il sera abaissé ainsi par l'effort même de votre loi qui dirigera sur la rente les versements capitalisés. Il est bien vrai que les salaires pourront s'accroître, que, par suite, les prélèvements sur les salaires et le versement égal des employeurs seront plus élevés, qu'ainsi le complément à fournir par l'État pour le service de la pension minimale de 360 francs sera moins considérable, et que cette action pourra balancer les aggravations de charges résultant pour l'État de l'abaissement du taux de l'intérêt. Mais évidemment, il n'est pas possible de traduire dès maintenant en chiffres les effets si compliqués de variations si incertaines. »

« La Commission prévoit le maximum de la dépense, dans trente ans, à 230 millions. Il s'élèvera peut-être à 300 millions. Mais ce que je veux dire, sous ma responsabilité de ministre des Finances, c'est que, même prévue à 300 millions, cette dépense, pour un objet aussi important que les retraites pour tous les travailleurs, ne dépasse pas la puissance contributive de la France. »

« Je n'ai pas à apporter en ce moment un système fiscal tout fait. D'abord ce ne serait pas vous aider, ce serait, au contraire, entraver votre marche que de lier le sort de votre réforme, considérée comme nécessaire pour la démocratie, au sort de tel ou tel système fiscal particulier. Il me suffit de dire que, même en prenant le système fiscal de la France tel qu'il est aujourd'hui, il suffira d'ajouter un décime à toutes les contributions existantes, directes ou indirectes, pour se procurer 300 millions. Or, cet effort d'un décime, qui d'ailleurs n'atteindrait son plein que dans trente ans, est deux fois moins lourd que l'effort de 700 millions demandé subitement à la France au lendemain de la guerre et qu'elle a porté sans réfléchir. »

« Encore une fois, il ne s'agit point d'immobiliser notre système fiscal. Quand l'impôt sur le revenu sera voté, il portera aussi, tout naturellement, le décime. Et la forme du décime se modifiera à mesure que se modifiera le système fiscal lui-même. Mais ce que je tiens à dire, c'est qu'il n'y a pas témérité financière à entreprendre la grande opération sociale des retraites ouvrières, puisque, en dehors même de toute modification du système fiscal actuel, un décime suffirait à couvrir la dépense maximale prévue pour l'opération. Il va de soi que la France ne pourra soutenir cette opération qu'à la condition d'y concentrer son effort et d'y harmoniser sa politique. Il lui serait malaisé, par exemple, d'accroître les dépenses militaires, navales et coloniales dans le temps même où elle mettra son budget en état pour la grande loi des retraites ouvrières. Mais, si notre pays est sage, s'il ne disperse pas son effort en tous sens, il ne lui sera pas plus difficile de faire entrer dans les faits, sans secousse financière, la loi des retraites ouvrières qu'il ne lui a été difficile d'y faire entrer depuis vingt ans les lois très grandes et très coûteuses aussi sur l'enseignement public. »

« D'ailleurs, dans les premières années, la loi ne coûtera que 70 millions selon la Commission, 80 millions selon mes services. Ces 80 millions, il est possible de ne les demander qu'en partie à l'impôt. Cette année, nous aurons sans doute une centaine de millions d'excédent. Si la loi entrait en application l'année prochaine, elle pourrait être appliquée sans impôt nouveau. Mais il faut prévoir des années moins bonnes. Déjà cette année, malgré des résistances qu'on me reproche quelquefois, j'ai dû, à cause des événements d'Extrême-Orient, consentir à un accroissement de dépenses navales et coloniales de 20 à 50 millions. Malgré tout, il n'est pas téméraire de prévoir, pour les exercices qui vont suivre, des excédents de 30 ou 40 millions. Il ne faudrait donc demander à l'impôt, pour la première application de la loi, qu'une quarantaine de millions. Ainsi le décime ne porterait d'abord que sur celles des contributions existantes qui se répercutent le moins sur ceux dont on veut assurer la vieillesse. »

Voilà la reproduction presque littérale des importantes déclarations du ministre. Il ne s'agit pas à cette heure de discuter le plan financier qu'il indique. Il a eu raison de dire que le plus mauvais service qu'on pourrait rendre à la loi des retraites ouvrières serait d'en lier le vote au vote préalable ou même simultané des moyens financiers. Ce qu'il suffit de retenir à cette heure, c'est que le gouvernement, par son ministre du Commerce, M. Trouillot, a dit qu'il acceptait les dispositions essentielles de la loi : la retraite à soixante ans, la pension garantie à 360 francs, et c'est que le ministre des Finances a déclaré que la loi, ainsi formulée, était financièrement praticable, et que, sous sa responsabilité financière, il s'y ralliait. C'est un pas décisif vers la réalisation.

III

L'Humanité du 31 mars 1906

L'homme et la mine

Hélas ! la joie presque affolante que donne à quelques familles le fantastique retour de quelques « réchappés » sera comme noyée dans un immense renouvellement de douleurs. Toutes les veuves, tous les orphelins se diront un moment : Qui sait si le nôtre ne va pas remonter aussi ? Et quand cette espérance d'un jour se sera évanouie, il semblera à tous ces pauvres gens qu'ils perdent une fois de plus ceux qui ne reviennent pas.

Et puis, quel horrible cauchemar ! Chacun va se figurer que les siens ont vécu au fond de la mine de longs jours d'angoisse et d'agonie. Ce qu'il y a, je crois, de plus effrayant pour l'imagination humaine, c'est l'idée que des vivants sont, par méprise, enfermés dans un tombeau. Comme ils tâtent longuement en leur sinistre réveil, les parois du sépulcre ! Est-ce à cette mort terrible que les emmurés de la mine ont été condamnés par centaines ? Et serait-il vrai que par une erreur funeste, ceux qui dirigeaient le sauvetage, croyant qu'il n'y avait plus, en effet, d'existence humaine à sauver, se sont préoccupés de la mine plus que des hommes ?

C'est ce que dit le peuple ouvrier de Lens. C'est ce que crient depuis hier, aux abords des fosses lugubres, les femmes, les mères, les sœurs de ceux qui sont restés au fond. Et toutes ces blessures s'irritent dans les cœurs exaspérés.

Peut-être, un jour, la vérité se dégagera-t-elle de toutes ces accusations et de toutes ces douleurs. Ce qui est certain, dès maintenant, c'est que les agents et les amis des Compagnies tentent la diversion la plus déplorable et la plus maladroite. La Patrie ose dire que ce sont les grévistes qui, en arrêtant ou en retardant les travaux de sauvetage ont compromis bien des vies humaines. Le directeur de Courrières, M. Lavaurs, ose, lui aussi, accuser les ouvriers grévistes. Que cette indécente comédie ne se prolonge pas. Ce n'est pas parce que, vingt jours après la catastrophe, quelques « sauveteurs » ont été arrêtés par une patrouille d'ouvriers que les ensevelis sont restés sans secours. Si les chefs de la mine avaient dit aux mineurs : il est possible encore de sauver vos camarades; aidez-nous y; et si les travaux avaient été conduits en ce sens, des milliers d'hommes se seraient offerts.

Les Débats, eux-mêmes, rappellent que les ingénieurs n'ont pas accueilli les propositions de quelques ouvriers. Ils notent du moins que c'est là ce qu'on dit à Lens : « On rappelle les offres que firent, au lendemain de la catastrophe, le délégué mineur Vincent et le mineur Simon, dit « Rick »; ils donnaient comme certain que des hommes vivants étaient encore dans le fond du puits numéro 3 et demandaient instamment aux ingénieurs de les autoriser à descendre pour aller à leur recherche. Le délégué Vincent notamment s'offrait rappelle-t-on à dégager par écrit la Compagnie de toute indemnité s'il devait rester au fond, et d'autre part, le mineur Simon proposait qu'on précipitât de l'orifice du puits un poids de 1. 000 kg pour frayer une ouverture dans l'éboulement qui en obstruait l'accès à la hauteur de 200 mètres ; puis, par cette ouverture, il descendrait dans un panier et se faisait fort de ramener au jour ceux de ses camarades qu'il savait être, disait-il, à l'accrochage de 380 mètres. »

Ils y étaient en effet, et ce sont ceux-là qui, après vingt jours, sont revenus à l'état de fantômes. C'est sans doute sur la façon dont les opérations de sauvetage ont été conduites que Basly interpellera mardi le ministre des Travaux publics. Jusque-là, que les Compagnies aient au moins la pudeur de ne pas diriger contre les ouvriers des accusations où l'on pourrait reconnaître le malaise d'une conscience inquiète ou la hâte d'une diversion nécessaire.

Mais quel drame ! Quelle lugubre et profonde intimité de la mine et des ouvriers ! J'admire vraiment que, devant ces spectacles, des républicains, des démocrates, des philosophes « solidaristes », s'obstinent à définir et à défendre la propriété individuelle comme « un prolongement de la personnalité humaine ». L'ironie est vraiment cruelle. Toute la vie, toute la personnalité des ouvriers est engagée dans la mine. Elle est pour eux le chantier, le tombeau, le lieu d'épreuve où, pendant des jours et des jours, ils luttent héroïquement contre la mort. Ils y laisseront par centaines des camarades, des amis, des fils, des frères. Le drame de leur vie bouleversée se confond avec la tragique histoire de la mine. Il y a, en chaque galerie profonde, un peu de leur force, un peu de leur douleur, et leur cœur s'y est usé en des battements lents et tristes ou en de brusques sursauts d'angoisse. N'importe; ils n'en possèdent rien; ils n'ont aucun droit sur elle; ils peuvent en être chassés demain; il paraît que la mine n'est pas le prolongement de leur personnalité. Au contraire, en ses galeries tragiques, toutes pleines de la vie et de la mort des mineurs, la mine prolonge la personnalité des grands actionnaires dont la vie s'épanouit au loin, sous le clair soleil. C'est du moins ce que nous enseignent les métaphysiciens de la propriété individuelle.

III

L'Humanité du 28 octobre 1906

Pour le repos hebdomadaire

La loi sur le repos hebdomadaire a deux sortes d'ennemis, les uns qui lui livrent un assaut direct et qui en demandent à la révision, les autres qui cherchent à la perdre par des interprétations et des atténuations qui lui enlèveraient toute efficacité. Quelques radicaux se livrent à ce jeu dangereux. Pourront-ils le soutenir devant le Parlement ? Prendront-ils la responsabilité d'une manœuvre contre une modeste conquête des salariés de tout ordre ?

Ils invoquent que la loi prévoit la possibilité de substituer au repos collectif le repos par roulement. Cela est certain, et les ouvriers boulangers ont su le rappeler au patronat. Mais la loi n'a prévu le repos par roulement que là où le repos collectif était rendu impossible par la nature même de l'industrie ou du commerce en question. En principe et comme règle, la loi établit le repos simultané, en un même jour qui est le dimanche. Elle n'a pas voulu par là consacrer « le jour du Seigneur » ; et M. de Lanessan aura beau répéter que cette disposition est due à la coalition des cléricaux et des collectivistes, il ne trompera personne. Tous les républicains se sont préoccupés d'assurer à la classe des salariés, ouvriers et employés, un jour de repos fixe par semaine, dans les conditions qui répondaient le mieux aux habitudes de la classe ouvrière elle-même. Il y a un double intérêt pour les travailleurs à ce que ce repos soit, le plus possible, simultané. D'abord, les ouvriers trouvent plus de joie dans le repos goûté en commun, quand un même jour de relâche ou de fête permet à la famille et aux amis de se réunir. En second lieu, le contrôle est plus facile. Ce n'est donc qu'à titre tout à fait exceptionnel que la loi prévoit ou que le repos sera fixé à un autre jour que le dimanche ou qu'il sera assuré par roulement. Élargir cette exception, en faire la règle, c'est aller contre l'esprit et la lettre de la loi, c'est en détruire l'essence même ; c'est morceler et disperser, à l'infini le repos des salariés ; c'est le dépouiller de toutes les joies de la vie commune et des garanties d'un contrôle aisément exercé. Ceux des radicaux et même des radicaux-socialistes qui veulent nous entraîner dans cette voie, sous prétexte d'aider les petits détaillants, font œuvre funeste et rétrograde. Le Parlement ne les suivra pas, et les salariés de l'industrie et du commerce ne se laisseront pas arracher une loi équitable et nécessaire, conquise après de longs efforts.

Les plaintes du « petit commerce », devenu le pseudonyme commode de M. Marguery, sont vaines. La loi ne lèse en rien ses intérêts. On a bien vu par l'exemple des boulangers combien cette opposition à la loi est injustifiée et factice. A entendre le patronat de la boulangerie, il ne pouvait pas la supporter, et il condamnerait Paris au pain rassis plutôt que de se prêter au repos par roulement qui était demandé par les ouvriers, vu la nature spéciale de l'industrie du pain. Or, après une tentative d'une semaine, le patronat a cédé. Il a prétexté la visite du lord-maire pour masquer sa retraite ; il paraît que le pain rassis était bon pour les Parisiens, mais qu'il n'était point convenable pour nos hôtes de Londres ; et ce ne sera point un des moindres bienfaits de l'Entente cordiale de nous avoir rendu le pain frais. Mais ce que les patrons boulangers déclaraient impossible, ils le pratiquent maintenant ; qui prendrait au tragique et même au sérieux des doléances si vite abandonnées ? II n'est que d'appliquer fermement la loi. Toute cette agitation de surface tombera.

Au demeurant, si les prétendus amis du petit commerce veulent vraiment le servir, ce n'est point par une abolition ou un affaiblissement de la loi du repos hebdomadaire qu'ils le pourront. S'ils veulent accroître encore les facilités d'achat de la classe ouvrière chez les petits commerçants ils n'ont qu'à saisir l'occasion prochaine du débat sur la journée de dix heures étendue à tous les ateliers pour demander « la semaine anglaise », c'est-à-dire le demi-repos du samedi pour les ouvriers industriels. Dans l'après-midi du samedi, les ouvriers et ouvrières feront leurs achats, et la journée du dimanche sera un jour de pleine liberté pour tous.

En vérité, on dirait que les promoteurs radicaux de cette campagne veulent compromettre le nouveau ministère du Travail, dès ses débuts, aux yeux de la classe ouvrière. Si celui-ci inaugurait sa vie par une capitulation devant la plus injustifiable résistance, s'il livrait à des égoïsmes à courte vue une loi de protection ouvrière, il perdrait tout crédit pour l'œuvre future de législation sociale.

Il est moralement et politiquement impossible qu'il commette cette faute. Les socialistes sont énergiquement résolus à maintenir, et en face du gouvernement et en face des autres partis de gauche, l'autonomie de leur doctrine, de leur propagande, de leur action. Mais ils ne s'enfermeront point dans un parti pris d'intransigeance stérile ; ils ne se prêteront à aucune manœuvre sournoise. Ils aideront la majorité républicaine et le gouvernement, avec une bonne foi absolue, dans l'œuvre de réforme. On n'a à redouter de leur part ni taquinerie ni intrigue ni surenchère stérilisante. Mais comment ceux des radicaux qui essaient d'entraîner la Chambre et le gouvernement à déchirer une loi nécessaire ne voient-ils pas que le premier effet de leur campagne sera de mettre violemment aux prises, sur le terrain des questions sociales, socialistes et radicaux ? Ce sont eux qui, en essayant d'imposer à la majorité républicaine un mouvement de recul, menacent toute l'œuvre de demain. S'ils réussissaient à persuader le gros du parti radical et le ministère, ils rendraient impossible cette libre coopération de tous les républicains démocrates qui peut seule assurer la victoire d'une politique de réforme et la fécondité de la législature. Est-ce à nous, socialistes, qui nous bornons à demander le maintien intégral d'une loi votée par la presque unanimité des deux Chambres, qu'incomberait la responsabilité de ce premier conflit ?

L'Humanité du 4 juin 1908

L'heure de justice
Zola entre au Panthéon

Vers l'avenir

La rumeur d'outrage qui enveloppe le nom du cercueil de Zola est une rumeur de gloire. C'est parce qu'il a donné les dernières années de sa vie à une grande œuvre de vérité et de droit que l'insulte et la calomnie le suivent jusque sous les voûtes du Panthéon.

Ce fut pour lui une dure épreuve et, sans doute, il n'en avait pas mesuré d'emblée toute l'étendue. Scheurer-Kestner avait l'habitude de dire, avec une haute et mélancolique résignation : « J'ai péché par orgueil. » Il voulait dire qu'il s'était exagéré l'influence que l'autorité de sa vie et de sa parole aurait sur les événements et sur la force trouble des passions. Zola aussi avait pensé, je crois, que l'intervention d'un grand écrivain, en pleine gloire et visiblement désintéressé dans le sombre drame, serait pour les esprits les plus prévenus un avertissement et une lumière. Il avait compté sans la sauvagerie du nationalisme et de l'antisémitisme, sans la force de résistance des institutions de mensonge, menacées dans leur base même. Et il souffrit certainement dans son système nerveux, tendu par un long effort de travail, de la violence et de la férocité des haines déchaînées contre lui. Les manifestations atroces qui accueillirent en cour d'assises sa condamnation lui arrachèrent un cri d'étonnement douloureux : « Ce sont donc des cannibales ! »

L'exil aussi fut pour lui un arrachement ; et j'ai vu l'ombre de tristesse qui était sur le front quand, après la séance de Versailles et sur les sages conseils de Laborit, il se décida à partir.

Mais c'est précisément son honneur que, dans cette épreuve dont il n'avait pas pressenti d'abord toute la rigueur, sa foi en la vérité et en l'avenir n'ait jamais fléchi. Au contraire, sa pensée s'élargit, son espérance d'humanité s'exalta ; et, comme un pêcheur qui, penché sur le fleuve trouble de la vie, ramène enfin dans ses filets un pur trésor, c'est une certitude de science et de justice qu'il ramenait du fond de l'humanité bourbeuse encore et obscure.

Quand j'eus l'honneur de le voir, pendant son exil dans ces environs de Londres, où il s'était remis au travail, il me dit : « Je ne me plains pas de l'épreuve. Elle m'a révélé la vanité de bien des choses auxquelles je tenais trop, le néant de certaines glorioles littéraires. Je pressens des temps nouveaux, je sens monter des étoiles nouvelles. »

Elles montaient dans le soir d'une vie assombrie par l'épreuve, par l'injustice des hommes, par l'ombre de l'exil, mais qui gardait encore une profonde rumeur d'action. Elles rayonnaient d'une force invisible sur son œuvre vaste et mêlée, sur son expérience confuse et tragique, comme ces étoiles qui se lèvent d'une douceur souveraine sur le Paris nocturne, énorme et tumultueux encore, fangeux et splendide, tout plein de vice et tout plein de rêve, et dont les nuits étranges, mêlées de frissons sublimes et de spasmes abjects, de lueurs sidérales et de reflets boueux, semblent méditer de surprenantes aurores, où toutes les âmes, se laveront les unes de leur boue, les autres de leur orgueil, dans une même lumière, dans la même fraîcheur matinale du monde renouvelé.

Ce ne sera pas la victoire d'un idéalisme timide et partiel procédant par sélection ; ce ne sera pas l'étroite libéralisation d'une élite : ce sera l'affranchissement de toute l'humanité, avouant et étalant ses misères, ses haillons, ses bouges, trouvant enfin, dans cet énergique aveu de soi-même, la force de se libérer, d'appeler sur tous la science et le bonheur.

En ce rêve, incomplet sans doute et qui ne comprend pas tout l'homme, mais qui dépasse infiniment les horizons prochains du socialisme même, la pensée de Zola s'élargissait. Et tout ce qu'il y avait d'idéalisme latent dans son matérialisme outrancier se dégageait. C'est cette force sublime d'espérance palpitant dans la grossièreté même de la vie, qui va tout à l'heure entrer au Panthéon.

III

L'Humanité du 27 janvier 1910

Contre le sinistre

Aidé par les soldats, dont le dévouement spontané est admirable, le peuple de Paris lutte avec courage, et avec une sorte de gaieté parfois héroïque, contre les méfaits de l'inondation. Nul ne songe à se plaindre et à gémir lâchement. Peut-être, quand ces jours déplorables seront passés, quand seront tombées l'excitation de l'épreuve et cette sorte de fièvre que donnent à l'esprit les grands bouleversements imprévus, peut-être une tristesse morne envahira plus d'un coeur au spectacle des ruines confuses qui marqueront seules le foyer de la veille à peine reconnaissable. Mais tant que dure le péril, tant que se développe le drame, le peuple de Paris trouve en lui-même de merveilleuses ressources de force et de vaillance.

Les secours ne feront pas défaut, et la solidarité nationale et humaine s'affirmera sans doute avec éclat. L'essentiel est que l'administration publique soit décidée et rapide, et que les souffrances cruelles de milliers de pauvres gens soient immédiatement soulagées.

C'est sans délai qu'il faut donner aux sinistrés un abri, des vêtements et du pain. Les vastes locaux ne manquent pas, et il faut improviser les secours comme au lendemain d'une funeste bataille.

Malgré tout le ressort d'esprit et de courage du peuple de Paris, malgré l'empressement de la générosité publique, il y a quelque chose de sinistre dans la vie de la grande ville. Cette brusque agression de la nature, déjouant par la soudaineté et la violence de son assaut les calculs encore incertains de la science incomplète, cette subite métamorphose d'un fleuve ami et familier, habitué à ménager ses quais et ses ponts, en une vaste force débordée et sauvage, qui élève d'heure en heure sa menace et son défi, et qui noie sous son flot montant ou paralyse de ses infiltrations les organes de mouvement et de lumière d'une grande cité, cette Seine pacifique et où se réfléchissaient tant de clartés, qui soudain fait de la nuit et brise les cadres de civilisation longtemps acceptés avec une sorte de docilité nonchalante, ce brusque surgissement des puissances aveugles et sombres dans la noble ville étonnée, que ne protègent ni son art, ni son coeur, ni son génie, est vraiment une poignante épreuve.

Devant ces lumières qui défaillent, ces communications qui se rompent, et le grossissement de ces flots barbares, à la fois insolents et silencieux comme une invasion bien réglée ; on a l'impression qu'on est dans une ville assiégée, à la minute tragique où fléchit la résistance des remparts.

Hélas ! les fatalités de la nature évoquent dans l'esprit qui se souvient les fatalités de l'Histoire. Toutes les tragédies, celles des choses et celles de l'homme, ont un même visage. Ce sont des sœurs au sombre regard, à la démarche solennelle et accablante. Quand donc les hommes, si misérablement divisés, et qui dispersent si stupidement leur effort, sauront-ils s'unir par la justice pour conjurer de toutes leurs forces toutes les menaces qui les environnent ? Quand les peuples cesseront-ils d'être le fleuve incertain qui passe si brusquement des murmures de la paix aux tumultes de la guerre et qu'une crue subite de haine et d'orgueil gonfle de boue et de sang ?

L'Humanité du 19 février 1911

Services publics et classe ouvrière

Voilà donc que, s'armant des accidents de l'Ouest-État, toute la presse capitaliste se rue contre les services publics. Tous les accaparateurs, tous les monopoleurs, tous ceux qui, après avoir volé à la nation de magnifiques richesses, voudraient accaparer, monopoliser et voler encore, tous ceux qui guettent, pour des concessions nouvelles, les minerais de l'Ouenza, le charbon et les minerais de Meurthe-et-Moselle, l'or de gisements multiples, tous ceux qui veulent, sans être dérangés dans leur spéculation, capter les forces hydrauliques, génératrices de lumière et de mouvement, tous ceux-là, formés en cohorte, voudraient bien persuader la France que l'État démocratique est à jamais incapable de gestion industrielle, et qu'il faut laisser à des compagnies privilégiées les richesses déjà usurpées par elles, leur livrer toutes les richesses nouvelles. Est-ce que le peuple ouvrier et paysan sera dupe de ces manœuvres ? Est-ce qu'il se laissera tromper et dépouiller une fois de plus ? Est-ce que, à l'heure même où partout dans le monde s'accentue la politique de nationalisation et de municipalisation, la France proclamera son incompétence, son inaptitude, et consacrera les prétentions de la féodalité qui la rançonne et qui l'asservit ? Quiconque pactiserait, directement ou indirectement, avec cette manœuvre des capitalistes, commettrait un véritable crime.

Ah ! Qu'on dénonce les erreurs de l'Ouest-État ; qu'on en recherche la cause ; qu'on projette sur toutes les responsabilités une lumière implacable ; qu'on instruise le procès de l'ancienne compagnie qui a créé par calcul un état de fait intolérable, et qu'on révèle les fautes de la bureaucratie qui a sans doute construit trop vite, sur une base pourrie, un régime nouveau ; qu'on demande des comptes à ceux qui, par complaisance pour la compagnie, ou par la plus coupable négligence, n'ont pas fait procéder à l'examen sérieux de la voie et du matériel, à l'inventaire exact qui aurait permis, dans le règlement financier du rachat, de rabattre les prétentions démesurées des actionnaires et qui aurait constitué, pour le régime nouveau, un avertissement de prudence ; qu'on mette un terme à la discorde, à la défiance réciproque du personnel de l'ancien État et du réseau racheté ; qu'on organise, par une participation plus effective du personnel, du Parlement, du public lui-même représenté par des délégués élus à cet effet et par des membres des grandes associations commerciales, industrielles, syndicales, un contrôle plus efficace ; qu'on ne craigne pas de procéder rapidement au prix de l'effort financier nécessaire, au bon aménagement du réseau. Oui, mais qu'on ne permette pas à une oligarchie avide d'exploiter de récentes catastrophes, dont elle est pour une large part responsable, d'agrandir encore aux dépens de tous son domaine féodal. Et que jamais aussi les socialistes ne donnent à la nécessaire critique de l'État bourgeois, qu'il dépend d'ailleurs de nous de faire tous les jours moins bourgeois, une telle forme que le monopole du capital s'en trouve réjoui et fortifié.

Les travailleurs de la voie ferrée ont vu juste lorsque l'autre jour, dans leur congrès syndical, déjouant l'intrigue réactionnaire, ils ont demandé, non seulement que le réseau de l'Ouest-État ne fût pas rétrocédé, mais que l'ensemble des réseaux fût nationalisé. Il y a pour la classe ouvrière tout entière un intérêt vital à ce que des services publics démocratiquement gérés se substituent aux monopoles capitalistes et à ce qu'ils fonctionnent excellemment par le concours et le dévouement de tous.

D'abord, les travailleurs y peuvent conquérir, pour eux-mêmes, plus de garanties. Dans une démocratie, l'État, si bourgeois qu'il soit encore, ne peut pas méconnaître les droits et les intérêts des salariés aussi pleinement et cyniquement que les monopoles privés. L'ancien Ouest-État avait devancé toutes les compagnies dans les réformes favorables au personnel ; et maintenant, sur le réseau racheté, les réintégrations des cheminots sont à peu près complètes, tandis que les compagnies bafouant le pouvoir, le Parlement, la conscience publique, opposent à toute demande de réintégration la fin de non-recevoir la plus despotique et la plus injurieuse. De plus, l'État prépare en ce moment même, pour son personnel, un régime de salaires meilleur que celui des compagnies.

Mais, ce n'est pas tout ; et le Parlement a intérêt, pour la transformation de la société capitaliste en société socialiste à ce que de grands services publics, administrés selon des règles de démocratie et avec une large participation de la classe ouvrière à la direction et au contrôle, fonctionnent exactement et puissamment. Il n'est pas indifférent que la preuve soit faite que de vastes mécanismes industriels peuvent fonctionner sans que les magnats du capital y aient la main. Si éloignés que soient les services de ce que sera l'organisation collectiviste, ils en sont plus près, dans un pays de démocratie et d'organisation ouvrière, que les monopoles privés. Ils sont une première forme d'action collective. Ils supposent chez tous ceux qui y concourent et qui doivent coordonner leurs efforts sans la brutale discipline d'autrefois, ce sens des responsabilités, ce souci de l'œuvre commune sans lesquels le mécanisme collectiviste défaillirait.

Les services publics démocratisés peuvent et doivent avoir ce triple effet d'amoindrir la puissance du capitalisme, de donner aux prolétaires plus de garanties et une force plus directe de revendication, et de développer en eux, en retour des garanties conquises, ce zèle du bien public qui est une première forme de la moralité socialiste et la condition même de l'avènement d'un ordre nouveau.

Que les prolétaires défendent donc vigoureusement les services publics contre les campagnes systématiques de la presse bourgeoise, et contre les déceptions que produit dans la classe ouvrière elle-même une première application maladroite et arrogamment bureaucratique du régime de la nationalisation.

Qu'ils ne livrent pas l'État aux oligarchies; mais qu'ils s'efforcent, en élargissant le domaine de l'État, d'accroître leur action dans l'État et sur l'État par le développement de leur organisation syndicale et de leur puissance politique.

Il y a là un élément nécessaire de la politique d'action de vaste et profonde « réalisation » que le Parti socialiste sera tenu de proposer à la démocratie française à mesure que le radicalisme décomposé manifestera son impuissance essentielle.

L'Humanité du 9 décembre 1912

Le droit politique des femmes

La commission du suffrage universel a confirmé à M. Buisson le mandat qu'il avait déjà reçu sous la précédente législature [1]. Elle l'a chargé de soumettre à la Chambre le projet de loi qui accorde aux femmes le droit de vote pour les élections municipales et départementales. Naturellement nous nous sommes réservés la faculté d'élargir ce texte et de demander par voie d'amendement ou de contre-projet l'extension du droit de vote aux élections législatives.

Mais l'essentiel, c'est que la question soit posée et qu'elle le soit sans délai. C'est dans le courant du mois de janvier prochain que la Chambre des Communes anglaise sera appelée à statuer, à propos du franchise bill, sur le droit politique des femmes [2]. Et le Daily Citizen résumait avec force, dans un article récent, les raisons pour lesquelles le Labour Party, le Parti du travail, était favorable à l'égalité absolue du droit politique. Pour lutter contre l'alcoolisme, contre les taudis, contre les conditions déprimantes de travail et de salaire, contre la misère qui disloque le foyer, contre les lois qui renchérissent la vie, contre les machinations de guerre, l'action politique des femmes sera une grande force de civilisation. La reconnaissance de leur droit obligera tous les partis à un grand effort d'idéal. Car seul l'attrait d'un haut idéal et l'émotion quasi religieuse d'une grande cause pourra solliciter les femmes à sortir du cercle de leurs préoccupations domestiques.

Il sera vraiment excellent que le débat puisse s'ouvrir dans la Chambre française au moment où les Communes anglaises aborderont le grand problème.

(1) Ferdinand Buisson préside une Ligue d'électeurs pour le suffrage des femmes à laquelle Jaurès a adhéré en 1911.

(2) Le mouvement suffragiste a pris son essor en Grande-Bretagne au tournant du siècle. Les suffragettes britanniques ont multiplié par la suite les actions spectaculaires.

L'Humanité du 26 décembre 1912

Archaïsme

Les décisions des groupes de gauche au sujet de la « réunion plénière » montrent quelle idée surannée la majorité se fait du problème politique. S'il s'agit simplement de faire une élection « républicaine », une élection « constitutionnelle », on peut convoquer à la réunion préparatoire l'immense majorité des députés et des sénateurs. On peut les convoquer tous, à l'exception d'un groupe minuscule de césariens et d'une escouade de monarchistes. Il n'y a presque plus de représentant qui songe à contester le droit souverain de la nation affranchie de l'hérédité et exerçant son pouvoir par des délégués contrôlés et révocables.

Mais si les gauches veulent faire de l'élection présidentielle une manifestation politique précise, si elles veulent à cette occasion affirmer, non plus la République qui n'est pas en cause, mais une direction déterminée de la République, pourquoi convoquent-elles une cohue d'hommes sans idée commune, sans programme commun ? (1)

Depuis que la question religieuse a été résolue par les lois de laïcité et par la séparation des Églises et de l'État, c'est sur les lois sociales, c'est sur les tendances essentielles de la politique sociale et de la politique internationale que doit se faire le classement des partis. Or, même si on laisse de côté socialistes et progressistes, les convoqués représentent les idées les plus opposées. Les uns, en petit nombre, restent fidèles à un radicalisme démocratique et social; les autres, sous le masque radical ou sous la dénomination démocratique, sont des conservateurs sociaux qui ont peur de toute réforme hardie. Les uns adhèrent à la politique d'arbitrage. Les autres s'attardent au chauvinisme le plus grossier. Quelle indication peut bien donner, par l'élection présidentielle, une masse aussi chaotique ? À défaut d'idées générales communes, c'est une intrigue médiocre qui prévaudra. Nous n'avons vraiment aucune raison de nous y mêler et d'aliéner, si peu que ce soit, notre liberté d'action.

Mais l'embarras même où va être la majorité républicaine de dire qui elle est avertit une fois de plus la France que la démocratie sera désarmée tant qu'il n'y aura pas des partis puissants et nets, opposant doctrine à doctrine, programme à programme.

Toutes les combinaisons et concentrations du passé ne sont que vieilles lunes et dont on ne fera pas des étoiles.

(1) Sur ce refus de la confusion que peut déguiser la logique de rassemblement républicain, voir Gilles Candar, « Jaurès et les élections à la présidence de la République (1885-1913) », art. cit. Pour une contextualisation plus générale, Madeleine Rebérioux, La République radicale 1898-1914, Paris, Seuil, coll. « Point-Histoire », Nouvelle histoire de la France contemporaine, 1975.

L'Humanité du 28 décembre 1912

Infériorité

Voilà donc M. Poincaré officiellement candidat [1].

Il a bien fait de parler nettement et de déclarer sa candidature. M. Ribot annonce aussi la sienne. Les autres imiteront-ils ce bon exemple et diront-ils sans tarder : moi aussi ? Ils seront nombreux, sans doute, et la liste de ceux dont on cause est déjà longue. MM. Deschanel, Pams, Jean Dupuy, Antonin Dubost, Combes, Delcassé, Clemenceau [2], etc., etc. Comme on dit, il y a du choix.

M. Poincaré, au moment même où il entre bravement en lice, envoie à M. Ribot un salut courtois et déférent. Il serait bon que la lutte gardât entre tous quelque correction et quelque noblesse. On peut discuter librement sans descendre à de vilains propos.

Moi qui ne suis pas du tournoi, je me risque à dire que M. Ribot a contre lui une terrible chose. Ce ne sont pas des griefs d'ordre politique que je veux dire. En ce point il parviendrait sans doute à se débrouiller. Si on lui oppose qu'il a jadis combattu la séparation des Églises et de l'État [3], il répondra peut-être qu'il la jugeait en effet prématurée, mais qu'il a travaillé de bonne foi à la rendre plus libérale, et qu'à mesure que la loi se précisait en ce sens, il atténuait son opposition. On lui objectera qu'il est modéré. Il allèguera probablement que son esprit, qui n'a cessé de travailler, s'est développé dans le sens des réformes sociales. Ses amis ajouteront qu'il a eu au moins la bonne fortune de ne pas brutaliser la classe ouvrière, qu'il n'a pas l'esprit de provocation. Et je vois bien ce que ses adversaires pourront lui répliquer, et très fortement. Mais enfin il pourra soutenir la controverse.

Malheureusement pour lui, il y a un point où il est très vulnérable. Sa plus grande faiblesse, et où je ne vois pas de remède, c'est que comme il n'occupe en ce moment dans la République aucun emploi, aucune « place », personne n'a intérêt à le mettre plus haut pour le déloger. Si M. Deschanel est élu président de la République, la présidence de la Chambre devient vacante. Et je vois d'ici la cohorte, ou tout au moins l'escouade des parlementaires qui s'apprêtent à briguer la succession. Il en est de pesants ; il en est d'alertes. Il en est de calmes, il en est d'excités. Et voilà pour M. Deschanel de furieux amis. Ils le pousseront d'autant plus violemment vers l'Élysée qu'ils le feront par là sortir du palais Bourbon.

Si M. Poincaré est haussé à la première magistrature, c'est la présidence du conseil qui s'ouvre aux ambitions discrètes ou indiscrètes. Que de rêves ! Que d'espérances ! Dispensez-moi de tracer des silhouettes. Mais voilà pour M. Poincaré des propagandistes d'un zèle incomparable. M. Deschanel et M. Poincaré ont autour d'eux des héritiers empressés, qui souhaitent passionnément leur élection, comme ils souhaiteraient leur décès, et qui travailleront à leur élection plus librement qu'ils ne travailleraient à leur décès. Il n'est pas jusqu'à M. Pams qui n'ait quelque chose à léguer : son avènement élyséen rendrait disponibles « les mamelles de l'Agriculture ».

Au contraire, M. Ribot, n'occupant rien, n'a rien à laisser. S'il est élu, son élection ne déterminera pas le moindre mouvement dans la hiérarchie officielle. Pour les parlementaires penchés sur l'annuaire des honneurs démocratiques et qui calculent leurs chances de promotion, c'est une médiocre affaire. Il n'y aura pas un grand remue-ménage des espérances, un grand brouillamini des ambitions. Il n'y aura pas les contrecoups, les ricochets prolongeant l'émotion de la partie. Terrible infériorité pour M. Ribot. Est-il de force à lutter contre elle ?

(1) La candidature de Raymond Poincaré commence alors à s'affirmer. Sans vouloir le dire ouvertement, les socialistes (Sembat davantage encore que Jaurès) penchent plutôt en faveur de cette dernière, ou y sont, au minimum, moins défavorables qu'à certaines candidatures radicales. Le fait que Poincaré soit discrètement en faveur de la représentation proportionnelle alimente cette préférence.

(2) On retrouve dans cette énumération certaines grandes figures radicales (Combes, Clemenceau, Delcassé), le républicain modéré et président de la Chambre Paul Deschanel, et certaines figures moins connues, mais potentiellement susceptibles de faire davantage consensus : Jules Pams (1852-1930), radical, ministre de l'Agriculture du gouvernement en place et sénateur des Pyrénées-Orientales ; Jean Dupuy (1844-1919), républicain modéré plusieurs fois ministre, vice-président du Sénat en 1911 ; Antonin Dubost (1844-1921), sénateur de l'Isère et président du Sénat.

(3) Le républicain modéré Alexandre Ribot s'était en effet montré inquiet, lors des débats de 1905, de certaines conséquences potentielles de la loi de Séparation et avait voté contre elle au scrutin final.

L'Humanité du 31 décembre 1912

Faire bloc

Personne ne sait rien de ce qui se passera à Versailles le 17 janvier prochain. Nul ne peut faire sur l'élection présidentielle la moindre conjecture sérieuse. C'est l'inconnu. C'est le mystère ; et il est d'autant plus malaisé de prévoir la décision des sénateurs et députés que la plupart d'entre eux ignorent encore ce qu'ils feront eux-mêmes. La presse, ignorant tout, multiplie les hypothèses et prodigue les commentaires. Elle a tenté de deviner ce qui s'est dit dans l'entrevue de Tilsit entre M. Poincaré et M. Ribot (1). Elle nous apprend seulement que le nouveau Napoléon et le nouvel Alexandre se sont entretenus de l'Autriche.

De ces grands sujets, les journaux passent à l'humble anecdote. Ils racontent ce qu'a dit celui-ci. Ils révèlent ce que pense celui-là. Et pour ma part, j'ai lu dans un journal du Midi une prétendue conversation de moi où je tiens à un de nos camarades socialistes des propos assez décousus. Suis-je donc capable de dire d'une seule haleine tant de sottises ?

Je n'ai maintenant sur l'élection présidentielle qu'une idée tout à fait arrêtée. C'est qu'il faut que le Parti socialiste fasse bloc. Il l'a décidé et il sera fidèle à sa décision (2). Quand il aura au premier tour voté pour un des siens, unanimement, il décidera, en réunion plénière du groupe, ce que lui commandent au second tour l'intérêt du Parti, l'intérêt de la République et du prolétariat. De même, s'il y a lieu, dans les scrutins suivants. Et quand, après une libre et amicale discussion, il aura décidé sa tactique et déterminé son choix, tous les élus se conformeront à la décision de la majorité.

Notre force morale est dans notre union, dans notre homogénéité. Pas un de nous ne sacrifiera à ses préférences ou à ses répugnances personnelles cette force du Parti. Nous sommes une minorité numériquement très faible mais qui peut valoir à certaines heures critiques, par sa résolution, par l'unité de son action. Notre autorité morale sera grande, devant le pays, si nous sommes capables, après délibération, d'un vote absolument unanime. Cette action d'ensemble, que les autres partis nous envient, il n'y a pas un de nos camarades qui n'y voie le premier de nos devoirs.

Voilà ce que j'ai dit. Voilà ce que je ne cesserai de dire. Et c'est le seul propos que je reconnaisse.

(1) Allusion à la célèbre entrevue de Tilsit (Russie) entre Napoléon Ier et le tsar Alexandre Ier, le 7 juillet 1807, et qui aboutit à la signature du premier traité de Tilsit.

(2) Conformément à ce qu'ils avaient annoncé, les socialistes se tiennent à distance, officiellement du moins, des candidats de droite (Poincaré, Ribot), mais refusent en même temps de soutenir le candidat auquel les radicaux se

sont ralliés, en l'occurrence le ministre de l'Agriculture Jules Pams. Ils présentent donc pour la première fois leur propre candidat, même si c'est avant tout une candidature de témoignage. Il s'agit en l'occurrence de l'ancien communard Édouard Vaillant (1840-1915), doyen du groupe socialiste.

L'Humanité du 3 janvier 1913

Finances « nationales »

L'autre jour, à la Chambre, M. Klotz [1], ministre des Finances, a dit que, grâce à son intervention, les capitaux français, qui avant lui allaient presque entièrement au-dehors, se portaient maintenant, au moins par moitié, sur des entreprises françaises. M. Klotz s'est assez gentiment moqué de la Chambre ; car si, l'année dernière, les emplois de capitaux français en France se sont développés, ce n'est pas au profit d'entreprises industrielles, mais par l'effet d'emprunts d'État et d'emprunts du Crédit foncier. Il ne reste donc du discours de M. Klotz que ceci : c'est qu'il reconnaît le devoir du gouvernement de modérer l'exportation des capitaux français et de diriger une bonne part de l'épargne de la France vers des œuvres de France.

Là-dessus, les champions de la théorie libérale s'émeuvent et ils dénoncent le péril du « protectionnisme financier » [2]. Ils protestent aussi contre la préoccupation de M. Engerand [3], qui craint que les exploitations minières de Normandie soient envahies par les capitalistes allemands. *Le Temps* et *Les Débats* [4] disent qu'il serait dangereux d'appliquer à la vie économique les règles d'un nationalisme étroit et ombrageux.

Il y a, dans toute cette controverse, beaucoup d'équivoque et de confusion. Oui, il est vrai qu'il est impossible d'enfermer dans les limites de la France les richesses de la France. Oui, il est vrai que l'exploitation de ses capitaux peut être pour un pays, en un sens et dans une certaine mesure, une force, un moyen d'influence et de développement. Et rien n'est misérable, rien ne serait dangereux comme une politique de défiance ou de prohibition contre « l'étranger ».

Mais la question n'est pas là. Il s'agit de savoir si la centralisation extrême du crédit ne permet pas à quelques établissements de gouverner à leur gré l'épargne publique et si un contrôle n'est pas nécessaire. Pour les concessions minières et pour les établissements industriels de Normandie, une question se pose : alors qu'en France abondent les capitaux et les compétences techniques, comment se fait-il qu'une aussi grande part de l'activité économique de toute une province soit livrée à des Allemands ? Il semble bien qu'il y ait là un vice du mécanisme financier de la France et que le fonctionnement du capitalisme français soit faussé.

On peut se poser le problème en ces termes, qui sont les vrais, sans être coupable d'un chauvinisme grossier et d'un protectionnisme étroit.

Mais tout d'abord, pour discuter utilement ces questions, il faudrait savoir. Je veux dire qu'il faudrait posséder des documents précis et des statistiques certaines sur la marche de la production en France, sur les conditions dans lesquelles les entreprises nouvelles sont créées, sur les directions que prend l'épargne nationale.

Sur tout cela, nous ne savons rien ou presque rien, et M. Klotz peut abuser impunément de l'ignorance universelle pour se livrer à de petites vanteries assez déplaisantes et à des évocations de chiffres tout à fait arbitraires. Quand donc aurons-nous un *census* de la production française, une statistique sérieuse du mouvement des capitaux et des entreprises ? Les économistes libéraux, dont les maîtres prisaient si haut les statistiques, devraient bien s'unir à nous pour demander qu'on permette à la France de connaître enfin la France.

III

(1) Louis-Lucien Klotz (1868-1930), député radical de la Somme.

(2) À l'instar du protectionnisme douanier, la question du protectionnisme financier commence aussi à se poser, sur fond de montée des nationalismes. Pour les contemporains, le terme recouvre à la fois le fait de se protéger contre les capitaux étrangers, et d'éviter d'exporter des capitaux qui devraient, en priorité, féconder l'économie nationale.

(3) Fernand Engerand (1867-1938), député conservateur du Calvados.

(4) Les deux grands quotidiens français représentant les tenants d'un libéralisme économique orthodoxe.

L'Humanité du 15 janvier 1913

Unité d'action

Les 61 socialistes présents à la Chambre ont donné leurs suffrages, dans l'élection d'hier, au citoyen Vaillant. C'est avec le même ensemble, c'est avec la même unanimité que seront appliquées toutes les décisions du groupe, qui sont conformes à la pensée du Parti. Aucun socialiste ne participera aujourd'hui et demain à la réunion « plénière » qui doit désigner le candidat à la présidence de la République. Car le Parti, en cette période d'intrigues obscures, a la volonté ferme de ne rien faire qui puisse engager sa responsabilité dans des entreprises équivoques et lier sa liberté d'action. Au congrès même, il affirmera de nouveau, sur le nom du citoyen Vaillant, l'autonomie de sa pensée et de sa vie. J'ai à peine besoin de dire qu'il ne lui manquera pas un seul des suffrages socialistes. Ce sera notre orgueil de montrer notre cohésion parfaite en face de tous les autres partis affectés d'une désorganisation croissante.

Dans les scrutins qui suivront, il y aura la même unité d'action. Le groupe parlementaire a décidé hier, à l'unanimité absolue, qu'après chaque tour de scrutin il délibérerait. Il examinera les faits, l'attitude prise par les uns et par les autres. Il comparera les garanties offertes par les divers candidats en présence à la République, à la démocratie, à la réforme électorale, à la paix. Et quand, après examen, la majorité du groupe aura déterminé sa tactique ou arrêté son choix, tous, absolument tous, quelles que puissent être leurs préférences ou leurs répugnances personnelles, se conformeront à la décision prise. Cette volonté d'unanimité a été affirmée hier dans la réunion du groupe avec un tel élan, avec une telle spontanéité par tous nos camarades qu'on peut être certain qu'ils seront tous fidèles au suprême devoir socialiste qui est d'assurer l'unité d'action du Parti. C'est sa force morale, encore une fois, de subordonner à la commune volonté librement exprimée toutes les préoccupations personnelles. Quel est le socialiste assez aveugle pour ne pas voir l'autorité que donne à notre Parti cet esprit d'union et de libre discipline dans le désarroi universel ? Quel est le socialiste assez félon pour ne pas assurer au Parti le bénéfice de cette action commune ?

Je ne parle pas de l'influence décisive que peut avoir sur le vote une minorité disciplinée et cohérente dans une masse amorphe ou dissociée. Après tout, c'est un avantage secondaire. Car je crains bien, dans l'état actuel de décomposition de l'esprit républicain, que le meilleur choix que nous puissions faire soit encore bien mauvais. Il se peut cependant que nous puissions éviter à la République et à la nation l'épreuve d'une présidence brouillonne et provocatrice, brutalement hostile à la classe ouvrière et menaçante pour la paix. Nous ne le pourrons que par la vigueur d'une discipline parfaite. Mais surtout, la démocratie républicaine, déçue et écœurée par les divisions, par les rivalités misérables, qui réduisent maintenant tous les autres partis à l'impuissance, se tournera d'autant plus volontiers vers le socialisme qu'elle trouvera en lui, avec la force d'un haut idéal démocratique et social, la puissance de la discipline volontaire et l'efficacité de l'action commune.

Et quel désarroi partout ! Quel abaissement ! Comme l'universelle anarchie démoralise les partis décomposés ! Comme les individualités les plus fortes sont diminuées, au grand dommage de la nation, par cet égoïsme qui crève les yeux des prétendus habiles et qui les livre aux pires erreurs ! M. Millerand a pris une telle habitude « d'opérer » tout seul, suivant le noble jargon contemporain, qu'il commet des maladresses que ne commettrait pas l'homme le plus médiocre associé à la vie d'un parti [1]. Il devient de plus en plus, pour avoir voulu brusquer son destin, le « gaffeur » sinistre dont tous les gouvernements de demain ou d'après-demain se gareront comme les matelots superstitieux se garent de certains compagnons de voyage qui attirent sur le navire tous les malheurs.

Un président du Conseil [2] qui avait conquis au-dedans et au-dehors une situation forte se laisse gagner aux tentations élyséennes. Il ne voit pas qu'en abandonnant le poste où son crédit s'était développé il s'affaiblissait et suscitait de toute part les inimitiés et les révoltes haineuses. Il a maintenant, dans le sein même de son ministère, deux ou trois candidats, ou peut-être quatre en insurrection contre lui, et nous sommes descendus à un tel degré de désorganisation que nul ne s'étonne et ne se scandalise de ce fourmillement intérieur des ambitions rivales.

Un président de la Chambre (3), élu naguère comme proportionnaliste, est réduit par son rôle de candidat à l'Élysée à balancer entre la proportionnelle et l'arrondissement des phrases « impartiales » où il se borne à louer le talent de tous. Et quel tableau il nous a tracé de l'œuvre de cette Chambre ! Que de grandes choses nous avons faites, que nous aurions peut-être oubliées sans lui ! Il a rallumé, pour nous éblouir de nous-mêmes, tous les éclairs qui avaient traversé notre nuit et que nous avions laissé éteindre. C'était prestigieux. Puis, au détour d'une phrase, les radicaux ont fait mine de comprendre que M. Deschanel dénonçait les prétentions dictatoriales de M. Poincaré. L'Académie accusait l'Académie (4) de vouloir restaurer le pouvoir personnel ! Si bien que toutes ces nobles candidatures élyséennes prennent un air de candidature d'arrondissement.

Et tout cela parce qu'il n'y a pas de grands partis clairs, organisés, responsables, capables de hausser en les contrôlant les consciences individuelles. Chacun va, racolant au hasard des clientèles indistinctes. Et par un effet de l'universelle désagrégation, nous n'aurons jamais eu, avec plus de grands hommes, une élection plus petite.

Socialistes, mes amis, mes camarades, ne nous laissons pas envahir, ne nous laissons pas effleurer par cette basse anarchie. Le Parti nous demande d'être unis, pleinement unis. Aucun de nous ne manquera à son devoir.

(1) Alexandre Millerand, qui soutient officiellement la candidature de Raymond Poincaré, vient pourtant, à la demande de ce dernier, de devoir quitter son poste de ministre de la Guerre, pour avoir réintégré l'un des artisans de l'affaire Dreyfus, le colonel du Paty de Clam, ce qui lui a valu de virulentes accusations d'antirépublicanisme.

(2) Raymond Poincaré.

(3) Paul Deschanel.

(4) Paul Deschanel et Raymond Poincaré ont été tous deux élus à l'Académie française, respectivement en 1899 et 1909.

L'Humanité du 18 janvier 1913

Cela dépend de vous

M. Poincaré ayant en ce moment le vent en poupe [1], tout lui réussit, et ses fautes mêmes. « Le présent est pour lui », comme dit La Bruyère [2]. Il avait fait preuve de beaucoup de timidité et de beaucoup d'audace en acceptant d'abord, en récusant ensuite le jugement de la réunion plénière. Ces contradictions qui auraient perdu un autre homme ou qui perdraient M. Poincaré lui-même à l'heure de la descente l'ont servi à l'heure de la montée. S'il est sage, qu'il ménage son destin.

Les radicaux, très désemparés, disaient : que fera-t-il ? Gouvernera-t-il à droite ? Gouvernera-t-il à gauche ? Non, messieurs, cela dépend de vous ! Vous êtes encore la majorité dans les deux Chambres; et si vous vouliez résolument une politique de liberté de mouvement populaire, de progrès social, il n'y a pas de président de la République, si dédaigneux que puisse être son esprit, si réactionnaires que soient bien des éléments de sa majorité, qui puisse aller contre la volonté forte du Parlement, contre la volonté claire du suffrage universel. Mais le radicalisme voudra-t-il ? Le radicalisme comprendra-t-il ?

Il a depuis longtemps accumulé les fautes, aggravé les malentendus entre la démocratie et le pouvoir. Dans l'élection présidentielle même, il a entassé les maladresses et les inconvenances. Quoi ! Il voulait faire échec à M. Poincaré et il lui opposait la candidature de M. Pams ! Il serait cruel maintenant d'insister. Et il confiait la conduite de l'opération à M. Clemenceau, qui brise tout ce qu'il touche, qui suscite un candidat et dit de lui : « Je vote pour le plus bête » (3); qui passe à un autre et le discrédite par la brutalité des procédés dont il use pour le servir.

Il ne reste plus maintenant au Parti radical qu'une faute à commettre : c'est de s'obstiner contre la réforme électorale dont il a besoin plus que tout autre parti pour se constituer, pour se définir, pour s'évader du chaos où il se débat. Et quelle folie de faire appel au Sénat pour résister à la réforme électorale ! La journée d'hier a été la défaite du Sénat, du Sénat des arrondissementiers, du Sénat des pensées étroites et des horizons exigus. Le président du Sénat, M. Dubost, s'était désisté pour M. Pams ; les deux grands chefs de la gauche sénatoriale, M. Clemenceau et M. Combes, travaillaient pour M. Pams ; tous les sénateurs hostiles à la réforme électorale saluaient dans la victoire espérée de M. Pams la victoire du principe majoritaire. La défaite de M. Pams a été surtout la défaite du Sénat. Si le Sénat continuait à s'opposer à la réforme, le pays tout entier serait convaincu qu'il cherche, sous la direction de M. Clemenceau, la revanche de M. Clemenceau.

Que les radicaux le sachent bien. Ils n'ont quelque chance de redevenir un parti cohérent et efficace que s'ils cessent de combattre la loi d'organisation qui définira les partis. Alors seulement il sera possible d'examiner, en toute indépendance réciproque, les conditions d'une action législative commune des socialistes et des vrais radicaux pour une grande œuvre de réforme sociale, si les radicaux se décident enfin à l'aborder.

Nous pouvons, nous socialistes, parler de l'avenir en toute liberté d'esprit. Nous savons bien, nous l'avons vu hier, qu'il y a une immense force de conservatisme qui se constitue contre nous. Nous savons que dans la candidature présidentielle de M. Poincaré cette force s'est manifestée, comme elle se manifestait, sous une forme incohérente, dans la candidature de M. Pams. Mais nous savons aussi que notre parti est dès maintenant, malgré les inévitables misères de la nature humaine, malgré les fâcheux effets du scrutin d'arrondissement qui se font sentir même chez nous, une force homogène ardente, enthousiaste.

L'unité de notre action, la sûreté de nos décisions ont frappé hier tous les partis. Au moment où le président du Congrès proclamait les résultats définitifs, ceux du second tour de scrutin, les applaudissements nourris des conservateurs, des modérés, d'une partie des républicains ont salué le nom du vainqueur, M. Poincaré. Le nom de M. Pams éveilla quelques applaudissements dispersés et débiles parmi les radicaux troublés beaucoup moins par la défaite que par le sentiment d'une bataille mal engagée. Mais quand le président fit mention des 70 voix [(4)], tout le groupe socialiste, qui s'étaient portées sur le citoyen Vaillant, ce furent des acclamations enthousiastes, l'élan d'espérance et de fierté d'un parti qui a déjà une longue et glorieuse histoire, mais qui a la jeunesse de la pensée et de l'action et qui sait, dans les minutes décisives, subordonner à l'idéal commun les mesquines dissidences ou les égoïstes combinaisons : « Vive la sociale ! Vive la Commune ! » Le cri vers la justice sociale montait dans la haute salle aux colonnes de marbre. Dans l'après-midi, assis à côté du citoyen Vaillant, il me dit à demi-voix : « Je songe que les communeux de Paris furent amenés à Versailles, il y a quarante ans, dans d'autres conditions. » Oui, et la vraie revanche du prolétariat vaincu sera dans la double action politique et économique, dans l'effort continu de libération par tous les moyens dont dispose la classe ouvrière.

Nous ne sommes encore qu'une minorité, mais forte de son union, forte de son indépendance. Nous n'avons pas mis le doigt dans les combinaisons électorales de M. Pams et des radicaux d'arrondissement. Nous sommes pleinement libres envers M. Poincaré et sa présidence. Nous avons même donné aux radicaux, s'ils l'avaient voulu, le temps de chercher une autre candidature que celle de M. Pams à opposer à M. Poincaré ; et si M. Léon Bourgeois n'est pas à l'Élysée, ce n'est pas nous qui l'en avons écarté ; ce sont les consultations et les menaces de docteurs politiques du radicalisme sénatorial.

À l'égard du nouveau président notre liberté est donc entière. Mais comme notre combat à nous, dans la journée d'hier était sur un autre terrain et sur un autre plan, nous ne sommes pas des vaincus. Nous n'avons pas de revanche à prendre. Nous attendrons M. Poincaré à ses actes, sans parti pris d'hostilité, mais avec une indépendance absolue. Notre dessein, à nous, est de promouvoir la République dans les voies de la justice sociale.

C'est au radicalisme gravement atteint de dire s'il veut achever de se perdre par la bouderie impuissante ou s'il veut sauver ce qui reste en lui de démocratie et de forces d'avenir, en s'associant à nous pour une politique nouvelle, pour une politique généreuse et hardie de paix internationale et de progrès social.

III

(1) Raymond Poincaré a été pour finir élu président de la République par les deux Chambres réunies en congrès le 17 janvier.

(2) Citation approximative des Caractères de La Bruyère (1688), « le présent est pour les riches » (chapitre « Des Biens de Fortune »).

(3) Clemenceau aurait donc prononcé plusieurs fois ce fameux aphorisme, puisqu'il l'aurait déjà employé à propos de Sadi Carnot lors de l'élection présidentielle de 1887.

(4) Légère exagération de Jaurès : aux deux tours du scrutin, Édouard Vaillant a obtenu 63, puis 69 des 72 voix du groupe.

L'Humanité du 19 janvier 1913

Un Lorrain et un Alsacien

Les journaux allemands ont le bon esprit de reconnaître que l'avènement d'un homme d'origine lorraine [1] à la présidence de la République ne constitue à aucun degré un acte de chauvinisme provocant et une menace pour la paix. Aussi bien, ce n'est pas de la région de l'Est, ce n'est pas de Meurthe-et-Moselle que viendraient les excitations imprudentes. Les hommes de cette région savent qu'ils seraient les premiers à supporter le poids écrasant d'un conflit européen. Ce qu'ils veulent avant tout, c'est un système de sécurité européenne, qui permette à toutes les nations de grandir dans la paix, de développer leurs forces de travail et de réaliser leur idéal de justice et de culture sans avoir à redouter des agressions brutales ou sournoises contre leur indépendance et leur dignité.

Cette volonté d'une paix garantie, durable et profonde est fortifiée dans l'Est par le progrès même de la vie économique. Trop d'entreprises y surgissent où les plus hardis ont engagé leur avenir tout entier, pour que le goût des aventures y puisse être vif. J'ajoute que les nécessités mêmes de la vie économique moderne, la solidarité forcée du minerai et de la houille ont enchevêtré, des deux côtés des frontières, de la Lorraine française à la Westphalie, les intérêts français et les intérêts allemands (2). Et, certes, tous ces Lorrains ne toléreraient ni brutalité ni humiliation, mais ils considéreraient comme un malfaiteur public, comme un ennemi de la Lorraine et de la France tout homme qui pousserait à la guerre. Cette sagesse, virile à coup sûr, mais prudente et clairvoyante, j'en ai eu le sentiment très net dans le voyage récent que j'ai fait à Nancy. La bourgeoisie la plus éclairée, la plus riche et la plus active y est très patriote assurément, mais elle n'y est nullement belliqueuse. Et quand le prolétariat encore hétérogène et inorganisé que la grande industrie fiévreusement accrue entasse maintenant sous sa discipline aura pu recevoir l'éducation syndicale et socialiste, quand le joug de fer que le capitalisme fait peser sur des milliers d'hommes sera un peu allégé, une admirable force de paix s'ajoutera à toutes celles qui, sur cette frontière même, maintiennent le ferme équilibre des esprits. Ainsi les chauvins d'Allemagne ne peuvent trouver, dans l'élection d'un président d'origine lorraine, aucun prétexte à agiter leur clientèle.

Et voici d'ailleurs qu'à la même heure, l'Alsace elle-même fait entendre, avec une force et une netteté qui ne permettent à personne désormais de se tromper sur sa pensée, sa volonté de paix définitive. *L'Humanité* a cité, hier (3), mais je veux reproduire encore les paroles prononcées au Reichstag par le député alsacien catholique, par l'abbé Haegy(4), il y a deux ou trois jours : « Mon parti et moi, nous considérons que les députés alsaciens ont pour devoir d'exercer sur les rapports franco-allemands une influence conciliante. Des conférences d'Alsaciens en France ne peuvent avoir qu'une action favorable, car elles sont susceptibles d'atténuer là-bas des influences excentriques. » [...]

[...] « En pacifistes convaincus nous regrettons que la question d'Alsace-Lorraine reparaisse sans cesse comme un élément de trouble dans les rapports des deux pays. À notre avis la guerre de 1870 devrait être la dernière entre les deux nations civilisées. Nous ne voulons pas que le sol de notre pays soit de nouveau souillé du sang de peuples faits pour coopérer côte à côte à l'œuvre de civilisation. Personnellement nous condamnons avec la dernière énergie toutes les tendances belliqueuses, toutes les velléités de revanche. »

Voilà les paroles de l'Alsace la plus protestataire. Voilà la volonté évidente de tout le peuple alsacien. Je ne veux pas les commenter aujourd'hui et en déduire les conséquences. Je demande seulement qu'on en prenne note, et je me borne à rappeler la grande parole que Mirabeau écrivait de Berlin un peu avant la Révolution française : « L'union de la France, de la Prusse et de l'Angleterre serait la plus bienfaisante des révolutions. Ce serait la pacification de l'univers. »

Ce problème n'est pas aujourd'hui au-dessus des forces de la démocratie européenne. La noble pensée de l'Alsace nous aidera à le résoudre.

(1) Raymond Poincaré est né à Bar-le-Duc (Meuse) et met volontiers en avant ses origines lorraines.

(2) La fin du XIXe siècle est marquée par l'accélération de l'exploitation du fer en Lorraine (on parle même de « Texas lorrain ») et par la découverte de nouvelles veines de charbon, notamment dans la zone de la Houve, amenant l'intensification des flux migratoires et l'accélération du développement économique de la région.

(3) « Les rapports franco-allemands. Déclaration du député alsacien Haegy », *l'Humanité*, 18 janvier 1913.

(4) François-Xavier Haegy (1870-1932), représentant des catholiques alsaciens, est entré au Reichstag à la fin de l'année 1912 à la faveur d'une élection partielle.

L'Humanité du 20 janvier 1913

La question critique

On dit que le ministère Briand se présentera jeudi devant la Chambre [1]. On ajoute qu'il aurait pu se présenter aujourd'hui même s'il n'avait pas voulu laisser aux passions excitées par la lutte du Congrès de Versailles le temps de se calmer. C'est une précaution bien superflue, car il n'y a pas de passion du tout, et c'est verser de l'huile sur des eaux calmes et plates. Les radicaux ont été divisés entre le nom de M. Pams et le nom de M. Poincaré. M. Poincaré l'ayant emporté, tout est fini, car il n'y a aucune différence de programme et d'esprit entre les radicaux du vaincu et les radicaux du vainqueur.

Dans l'ensemble (et sauf quelques exceptions dans les deux clans), ils sont aussi conservateurs les uns que les autres. Ils sont tous également incapables de réaliser un impôt général et progressif sur le revenu qui ait une sérieuse efficacité fiscale et qui puisse avoir quelque portée sociale. Ils sont tous également incapables de donner à l'assurance sociale force et ampleur, de procéder à la nationalisation progressive des monopoles capitalistes, d'aménager au profit du pays et sous son contrôle les richesses minières et hydrauliques guettées ou accaparées par les groupements financiers. Ils sont tous également incapables de garantir la réalité du repos hebdomadaire par la semaine anglaise, de défendre les premières lois limitant la journée de travail contre les fraudes et les dérogations abusives. Ils n'auront, ni les uns ni les autres, la force et le bon sens de reconnaître les conditions nouvelles de vie et de fonctionnement des services publics, et d'accorder franchement aux fonctionnaires le droit syndical. Et si on leur proposait de fortifier la défense nationale en entrant résolument dans le système des milices, seul démocratique et seul efficace, si on leur demandait de formuler une politique internationale d'arbitrage intégral, ils se réfugieraient dans de vaines déclarations ou solliciteraient des ajournements indéfinis. Ils sont donc tous prêts, ceux de M. Pams comme ceux de M. Poincaré, ceux de M. Clemenceau comme ceux de M. Bourgeois, à la politique la plus vague, la plus inconsistante, la plus faussement démocratique en sa forme, et la plus foncièrement conservatrice ou rétrograde. M. Briand n'aura même pas besoin d'exercer au plus haut degré ses facultés de diplomate, son art des compromis. Avec quelques douceurs pour les uns et quelques portefeuilles pour d'autres, il aura sa majorité. Il règnera sans effort sur l'universelle dissolution. Tout le fruit radical est assez décomposé pour tomber doucement dans la corbeille de M. Briand.

Il n'y a plus qu'une question qui demeure et qu'une difficulté. C'est la question de la réforme électorale. Qu'en diront les nouveaux ministres, et que feront-ils ? Va-t-on, sous prétexte de « transaction », dénaturer encore la réforme ? Essaiera-t-on de l'escamoter ? Les proportionnalistes consentiront-ils à être dupes, et leur suffira-t-il que M. Poincaré soit à l'Élysée ?

Pour nous, nous ne cesserons, au nom du Parti socialiste, de réclamer plus énergiquement que jamais la proportionnelle vraie, sincère, intégrale. Et si les radicaux ne voient pas que le régime actuel les diminue chaque jour et fait d'eux ce qu'il y a de pis, une pseudo-majorité impuissante, ridicule et dépossédée de toutes les fonctions directrices, s'ils ne comprennent pas que pour eux surtout la pleine et vigoureuse réforme électorale est la suprême chance de réorganisation et de salut, c'est qu'ils sont d'un aveuglement incurable. Ils sont comme une Turquie qui se démembre. Ils ont perdu province après province, je veux dire présidence après présidence. Le président de la Chambre n'est pas à eux. Le président du conseil n'est pas à eux. Leur propre réunion plénière n'est pas à eux. Et ils viennent enfin de perdre Sainte-Sophie, je veux dire l'Élysée. Qu'attendent-ils pour renoncer à un système qui les détruit en les désorganisant ?

(1) Une fois élu, Raymond Poincaré désigne Aristide Briand, le second de son gouvernement, comme président du Conseil. Les socialistes sont les seuls à s'y opposer. Aristide Briand (1862-1932), ancien socialiste évoluant vers des positions plus centristes, a déjà été président du Conseil entre 1909 et 1911. Il a fait à ce moment-là l'objet de virulentes critiques de la part de Jaurès, attaquant son inconsistance, sa violence contre les mouvements sociaux et la trahison de ses anciens idéaux.

L'Humanité du 12 février 1913

Le soulier de l'Auvergnat

C'est le budget que je veux dire, ou le débat sur le budget. Il tient une terrible place dans la soupe parlementaire, et on n'en vient jamais à bout. Que fait la Chambre aujourd'hui ? Elle discute le budget. Que faisait-elle hier ? Elle discutait le budget. Que fera-t-elle demain ? Elle discutera le budget. Quand la législature, qui incline vers la fin, sera terminée, le pays demandera à ses représentants : « Avez-vous voté quelques grandes réformes ? - Non. - Avez-vous adopté un vaste plan d'assurance sociale ? - Non. - Avez-vous réalisé enfin l'impôt général et progressif sur le revenu ? - Non. - Avez-vous organisé la mise en œuvre des richesses nationales et créé des modes nouveaux d'exploitation du minerai, de la houille, des forces hydrauliques ? - Pas du tout. - Avez-vous tracé un vaste plan des travaux publics de tout ordre que la France attend ? - Pas le moins du monde. - Avez-vous adapté votre institution militaire aux nécessités modernes et assuré, selon un type d'armée démocratique et populaire, la défense nationale ? - Nous n'avions pas le temps.

- Qu'avez-vous donc fait ? - Nous avons discuté et rediscuté le budget, le matin, le soir, après les vacances, avant les vacances, par les mois chauds, par les mois tièdes, par les mois glacés, sans relâche, sans mesure et sans résultat. »

Oui, sans résultat. Il y a bien eu, de-ci, de-là quelque maigre amélioration obtenue par les socialistes, pour les salariés des services publics, et l'effort de Goude pour les marins et ouvriers des arsenaux n'a pas été inutile [(1)]. Mais enfin dans l'ensemble même du budget il n'y a eu aucune amélioration notable. M. Chéron [(2)], infatigable et mélancolique, constate que six ou huit mois de discussion ont abouti à déplacer 340 000 francs sur un budget de 4 milliards.

Après huit mois, dix mois, un an de paroles, de motions, de vœux, de discours, le budget sort du vote de la Chambre tel que l'avaient façonnés le gouvernement et la commission du budget.

Labeur énorme et creux, labeur stérile. Labeur démoralisant. M. Chéron est toujours là et il mériterait vraiment qu'on appliquât à un plus utile travail sa bonne volonté héroïque. Il est comme l'esclave tournant la meule dans le vide. La Chambre est absente. Chaque budget spécial a son petit clan de fidèles, comme chaque café de la grand-rue dans la vieille ville de province a ses habitués. Mais il n'y a plus d'action commune. Il n'y a même plus de délibération commune. Il n'y a plus de Parlement.

Tout est à refaire, le régime électoral, la vie des partis, la méthode de travail parlementaire. Jamais Chambre ne fut plus impuissante, plus lasse, plus dégoûtée de tout et d'elle-même que celle-ci, mâchonnant sans fin l'éternel soulier d'Auvergnat qui encombre sa soupe [3].

Quand viendra l'heure de l'organisation et du travail ?

III

(1) Émile Goude (1870-1941), commis de la Maline, l'un des principaux animateurs de la Fédération socialiste du Finistère au sein de la SFIO.

(2) Henry Chéron (1867-1940), député modéré (1906-1913), puis sénateur (1913-1940) du Calvados, est l'un des grands spécialistes à la Chambre des questions budgétaires et financières.

(3) Allusion de Jaurès à une historiette franco-provençale, « La soupe de l'Auvergnat », évoquant l'histoire d'un cordonnier auvergnat trouvant dans sa soupe un soulier d'enfant tombé par mégarde.

L'Humanité du 19 mars 1913

La grande crise

M. Briand, malgré l'habileté oratoire qu'il a déployée hier, s'est brisé contre le bloc irréductible de la majorité sénatoriale [1]. Le ministère est renversé et le Sénat se dresse contre la réforme électorale voulue par la Chambre. C'est une grande et redoutable crise. Ou bien la majorité proportionnaliste de la Chambre subira des défections honteuses, et la réforme électorale, trahie mais d'autant plus nécessaire, restera à l'état de problème obsédant, faussant tout le mouvement politique et social. Ou bien, comme je le crois, comme le groupe proportionnaliste y invitera la Chambre dès jeudi par un projet de résolution, la Chambre persistera dans sa volonté et dans son vote, et le conflit s'ouvre entre les deux assemblées sur une réforme qui, ayant pour objet d'assurer à tous les partis leur juste part et leur pleine indépendance, aurait dû rester au-dessus du jeu des partis.

Le Sénat l'a voulu. C'est lui qui portera la responsabilité de tout le désordre politique qui va se déchaîner.

Lourde aussi sera la responsabilité de M. Poincaré. Il avait assumé comme président du Conseil la charge de cette réforme. On pouvait croire qu'il tiendrait à son honneur de la mener à bien. Il a préféré s'assurer à lui-même les fruits élyséens et cueillir hâtivement la pomme d'or en qui s'était concentrée pour lui toute la sève de l'arbre. Ainsi il léguait l'œuvre inachevée et incertaine à M. Briand dont le crédit allait s'évanouissant. Et il animait contre la réforme électorale tous ceux qu'avait meurtris le succès de sa candidature présidentielle.

De plus, le président Poincaré et le ministre Briand, débordés par le mouvement nationaliste qu'ils encouragèrent l'un et l'autre, ont lancé tout au travers de la réforme électorale qui cheminait péniblement la question de la loi de trois ans. Ils ont ainsi fourni à M. Trouillot [2] et à ses amis un moyen trop facile de rassurer le Sénat contre les suites de l'entreprise majoritaire.

Comment pourriez-vous redouter aux élections prochaines une coalition proportionnaliste, au moment même où la majorité proportionnaliste est coupée en deux par le projet des trois ans ?

Pour nous, socialistes, il n'y a dans tout ce chaos qu'une voie sûre : c'est la voie de l'honneur. Nous sommes bien décidés à tenir en toute question nos engagements envers la démocratie. De même que nous lutterons sans défaillance et sans réserve contre les armements, contre la réaction militariste, de même que nous braverons pour servir la cause de la paix, les anathèmes et les outrages des proportionnalistes de droite, nous aiderons avec une loyauté que rien n'entamera la réforme électorale par la proportionnelle. À travers toutes les complications et toutes les difficultés, nous voulons donner et nous donnerons cet exemple d'un parti partout fidèle à lui-même, à ses promesses, à son programme, à son action.

Et, en vérité, quelles dupes lamentables nous ferions, si nous désertions la réforme électorale dans l'espoir insensé d'amener par là un pouvoir nouveau moins favorable au service de trois ans ! Ce pouvoir même cesserait de nous craindre, ayant vu que nous étions capables de nous renier nous-mêmes. Et puis, comment pourrions-nous oublier que M. Clemenceau, pour mener plus sûrement la bataille contre la réforme électorale, s'est engagé devant la France à voter la loi de trois ans ? Nous ne serions pas seulement des traîtres, nous serions des niais si, ayant deux revendications à défendre, nous abandonnions l'une pour faire le jeu des hommes qui ont juré de combattre l'autre.

Mais l'incroyable confusion où les partis se débattent ne peut durer. La crise latente et sourde devient plus manifeste et plus aiguë tous les jours. C'est à nous, socialistes, de lutter pour qu'elle se résolve au mieux de la démocratie. Nous défendrons le peuple et la paix contre la réaction militariste. Nous défendrons la justice électorale et la volonté du suffrage universel contre l'insolence de l'oligarchie sénatoriale. Et quand, au-dessus des mêlées confuses et des combinaisons contradictoires, nous pousserons le double cri : « À bas la guerre ! À bas le Sénat ! », le peuple reconnaîtra l'unité de notre pensée, la probité de notre action et la vigueur de notre combat.

(1) Le 18 mars 1913, les radicaux, en position de force au Sénat, rejettent la réforme électorale pour la représentation proportionnelle (161 voix contre 128), entraînant la chute du gouvernement Briand.

(2) Georges Trouillot (1851-1916), député radical (1889-1906), puis sénateur (1906-1916) du Jura, plusieurs fois ministre, en particulier des Colonies.

L'Humanité du 12 août 1913

À perpétuité

Ce qui frappe tout d'abord dans la théorie de M. le général Pau, c'est que pour lui la loi des trois ans est une loi définitive, éternelle. La France est condamnée à ce régime à perpétuité. Les raisons qu'il donne en effet pour justifier la loi, si elles valent, valent pour toujours.

Il constate que l'Allemagne a sur nous la supériorité du nombre, non seulement dans son armée active, mais dans la masse de ses réserves. Il dit que la seule ressource de la France est d'opposer la qualité à la quantité, et comme, selon lui, la qualité ne peut s'obtenir que par une plus longue éducation de caserne, voilà la France vouée indéfiniment au service minimum de trois ans.

Ainsi nous aurons beau donner à l'adolescence et à la jeunesse une forte éducation physique et une vigoureuse préparation militaire ; nous aurons beau assouplir les jeunes gens convoqués à la commune ou au canton, à des exercices de marche, de tir, d'équitation ; nous aurons beau assurer aux unités de réserve des chefs d'élite, et l'entraînement des manœuvres fréquentes que permettraient, sans trouble pour la vie sociale, les convocations sur place et l'organisation territoriale. Tout cet immense effort d'éducation ne nous dispenserait pas, selon M. le général Pau, du service de trois ans, ou même sans doute, si l'écart entre la quantité française et la quantité allemande s'accroît, d'un service plus long encore. C'est un fardeau dont la France ne se débarrassera plus, et qui pèsera éternellement sur ses épaules, si même il ne s'alourdit pas avec le progrès du temps.

À la bonne heure, et la question est bien posée. Mais que pensent de cette théorie ceux des partisans de la loi de trois ans qui prétendaient ne voir en elle qu'un expédient provisoire, un abri momentané qui devait permettre à la France de préparer à loisir une organisation plus vaste, plus démocratique, et moins accablante ? Qu'en pense le rapporteur de la loi M. Paté qui a indiqué dans son rapport, qui a déclaré formellement dans son discours, que la loi de trois ans était une protection temporaire, et que la France, ayant pourvu d'abord au péril immédiat par le moyen le plus court, chercherait en toute sûreté des solutions durables plus conformes aux nécessités de sa vie économique et à l'esprit de ses institutions ?

Qu'en pense M. Gervais qui, dans la déclaration lue au Sénat, a appelé de ses voeux une loi générale d'organisation de l'armée ? Pense-t-il que le service de trois ans est la base immuable de cette organisation, ou au contraire que la sérieuse constitution de toutes nos forces peut libérer le pays de cette charge écrasante ? M. Clemenceau reprochait, l'autre jour, à l'état-major, d'avoir, sous le régime de la loi de deux ans, négligé les réserves. Croit-il que si les réserves, grâce au recrutement subrégional et à un grand effort organique, étaient fortement encadrées, entraînées, toujours prêtes à une mobilisation rapide, le service de caserne, si menaçant pour les forces économiques et intellectuelles du pays, pourrait être réduit ? Croit-il que par là serait rendu possible au moins le retour de la loi de deux ans ? Ou estime-t-il, comme M. le général Pau, que la loi de trois ans reste en tout cas et quoique nous fassions, une fatalité immuable, qui s'appesantira sur nous aussi longtemps que la population de l'Allemagne sera supérieure à la population de la France ? L'effort complémentaire qui sera demandé au pays pour l'éducation de sa jeunesse et l'organisation de ses réserves allégera-t-il enfin le fardeau de caserne, ou s'y ajoutera-t-il ? Et sur la France, soldat en marche et déjà surchargé, le poids du sac va-t-il s'aggraver encore ? J'espère que les partisans de la loi des trois ans voudront bien répondre à ces questions. Un des chefs catholiques les plus influents, un de ceux qui ont pris à la campagne des trois ans la part la plus active, disait, il y a quelques semaines, à un de ses amis : « Je sais bien qu'aucun pays ne pourrait supporter longtemps, sans péril pour ses forces vives, le service de trois ans pour tous. Ni son industrie, ni son agriculture, ni sa science, ni peut-être son Église n'y résisteraient Cette énorme pierre obstruerait enfin toutes les sources. Mais nous sommes menacés d'un péril pressant L'état de tension européenne ne peut durer. L'Allemagne, qui s'impose des sacrifices redoutables, se prépare évidemment à frapper un grand coup. Nous aurons la guerre d'ici deux ans au plus tard. Nous sommes en pleine crise, et c'est une loi de crise que nous faisons. Nous verrons après l'orage. »

Mais pour M. le général Pau et pour l'état-major, maître du ministère de la Guerre où la démocratie n'est plus représentée et où le pouvoir responsable est défaillant, ce n'est pas une loi de crise, suscitée par les premiers souffles de la tempête qui emplira bientôt l'horizon, c'est une loi permanente, résultant d'un rapport de population qui ne peut pas se modifier sensiblement, aussi loin du moins que peuvent s'étendre les prévisions humaines. C'est une loi nécessaire, essentielle, définitivement incorporée à la vie de la France et sans laquelle la vie de la France ne peut plus désormais ni se soutenir ni même se concevoir.

Encore une fois, quelle idée se font de leur loi ceux qui l'ont votée ? Le discours du général Pau nous aura au moins rendu le service de poser la question si nettement, si brutalement qu'elle ne peut plus être éludée par personne, même par ceux qui, pour mieux ruser avec la démocratie, commencent par ruser avec leur propre pensée. Et quelle idée le gouvernement aussi se fait-il de la loi nouvelle ?

Ce n'est pas une question « académique » que nous posons ainsi à M. Barthou. Ce n'est pas une question d'avenir. C'est une question pressante, la plus pressante de toutes. Car cette organisation générale de l'armée que tout le monde appelle, cette utilisation cohérente et systématique de toutes nos forces, dont tous les Français reconnaissent la nécessité, on y travaillera autrement selon qu'on aura à compter avec la loi de trois ans comme avec une nécessité fondamentale ou qu'on verra seulement en elle une protection provisoire et une charge réductible. Tant qu'on n'aura pas pris parti sur ce problème premier, on n'aura, pour la constitution de la défense nationale, que des vues troubles, des directions incertaines, une action languissante et contradictoire. Pour nous, c'est la question vitale et préalable que nous ne cesserons de formuler, dès la rentrée du Parlement, à propos des projets « rectificatifs » que M. Boudenoot a annoncés, et qui rouvrent tout le débat, à propos aussi de la crise budgétaire dont la solution dépend pour une large part non seulement des circonstances actuelles et des besoins présents, mais de l'idée que la France se fera de l'avenir prochain et des charges prochaines.

L'Humanité du 3 décembre 1913

La chute du ministère des trois ans

Le Deux-Décembre d'hier réparerait presque l'autre [1], si l'autre pouvait jamais être réparé.

Le ministère Barthou est à bas, malgré l'appui de la droite presque tout entière.

Il est mort des fautes, de la légèreté, spirituelle mais inconsistante, du discrédit croissant de son chef, qui n'inspirait confiance à personne, pas même à ceux qui se servaient de lui. Mais il serait très injuste et très superficiel de croire que le ministère Barthou ne succombe qu'aux erreurs de M. Barthou. Il a été emporté par le courant redoutable des fautes qui grossissent depuis des années. Nous ne nous lassons pas de dire, devant la Chambre et devant le pays, que l'heure du règlement des comptes a sonné, et ces comptes sont formidables.

Les nécessités budgétaires auxquelles le régime a été acculé par la folie coloniale et par la réaction militariste sont d'une telle gravité qu'aucune habileté subalterne, qu'aucune rouerie de tactique, qu'aucune ingéniosité d'esprit ou de parole ne peut les résoudre. C'est un torrent trouble qui tombe de la montagne après l'orage et qui emporte tout.

Le problème soulevé hier à propos de l'immunité de la rente n'est qu'un jeu d'enfant, à côté du milliard d'impôts nouveaux qu'il faudra voter à bref délai, si on ne révolutionne pas la politique intérieure et extérieure de ce pays.

Le programme que le Parti socialiste a formulé au début de la discussion de l'emprunt offre à la République la seule chance de salut.

Limiter l'opération marocaine, répudier la funeste loi de trois ans, s'acheminer d'un pas rapide vers l'organisation populaire de la nation armée, préparer par l'entente de la France, de l'Angleterre et de l'Allemagne un régime certain de paix internationale, à cette condition seulement la France républicaine pourra échapper à la crise dont les prodromes sont déjà si menaçants. Dès aujourd'hui, la hardiesse, l'extrême audace sont la seule forme de la sagesse. C'est là ce qu'il faut comprendre, c'est là ce que nous ne cesserons de dire durant tout l'interrègne ministériel, c'est là ce que nous dirons dès le premier jour au gouvernement de demain, comme nous l'avons dit au gouvernement tombé.

La gauche offrait hier un curieux spectacle, un singulier mélange de passion et de timidité. Contre M. Barthou, elle était frémissante et même provocatrice ; elle se dressait contre lui, elle lui criait sa volonté de l'abattre, et on pouvait parfois se croire revenus aux grands jours d'inspiration républicaine. Puis, quand Vaillant saluait la chute du ministère au cri de « À bas les trois ans ! », elle était gênée et contrainte et elle paraissait se demander ce qu'elle ferait de sa victoire.

Ce cri, cependant, marque bien la direction de l'œuvre à accomplir. C'est bien la politique de réaction militaire qui a acculé la nation à des difficultés qui seront insolubles tant qu'on n'en aura pas compris la source profonde et l'origine.

Aussi nous ne nous attarderons pas aujourd'hui à scruter les possibilités ministérielles, à interroger sur l'horizon le vol incertain des oiseaux. Quel est l'homme politique que fera appeler M. Poincaré ? Celui-ci sera-t-il un président vraiment constitutionnel ? Tiendra-t-il compte du vote de la Chambre, des conditions de la bataille, ou bien se laissera-t-il guider par des caprices de majesté républicaine ? Appellera-t-il M. Caillaux, M. Deschanel, M. Briand, M. Millerand, M. Doumergue [(2)] ? Se donnera-t-il l'émotion de consulter M. Clemenceau ? Voilà des questions qui vont pendant quelques jours amuser la chronique des journaux ! Mais que l'on n'oublie pas que nous sommes entrés dans une période révolutionnaire ! Les difficultés du budget, l'aggravation des impôts auront un retentissement social par la cherté accrue de la vie. La classe ouvrière, avec son existence tendue, son travail forcé ou ses crises de chômage, avec ses logis exigus, sent sur elle le fardeau du capitalisme et du militarisme. L'esprit de révolte grandit dans le monde, les prochains conflits du travail et du capital seront exaspérés par tous ces ferments de mécontentement et de colère. Il n'y aura donc d'hommes d'État véritables que ceux qui sauront être des hommes du peuple, que ceux qui sauront agir avec vigueur, avec persévérance, dans l'intérêt du prolétariat et de la paix.

Quant aux autres, qu'ils s'appellent Calonne, Loménie de Brienne ou même Necker (3), ils seront emportés par le souffle qui grandit. Il serait vraiment déplorable que la tragique expérience de la Révolution bourgeoise n'aidât pas les hommes du xxe siècle à se diriger un peu aux approches d'une révolution nouvelle.

P.-S. - Après la chute du ministère Barthou, M. Poincaré aurait fait appeler M. Briand, puis M. Millerand. M. Briand aurait refusé de constituer un ministère. Au contraire, M. Millerand se serait empressé d'accepter.

Nous hésitons encore à croire à l'authenticité de ces bruits, car il paraît surprenant que M. Poincaré ait fait appeler des hommes politiques que rien n'avait désignés dans les événements récents et qu'il n'ait même pas consulté ceux qui ont été mêlés à la bataille.

(1) Louis Barthou a été nommé président du Conseil par Poincaré le 22 mars 1913, et, avec l'appui de ce dernier, est parvenu à faire voter la loi des trois ans en juillet. Mais le retour au premier plan des questions fiscales et sociales permet aux socialistes et aux radicaux de faire tomber son gouvernement le 2 décembre. Le « Deux-Décembre d'hier » désigne le coup d'État de Louis-Napoléon Bonaparte le 2 décembre 1851.

(2) Gaston Doumergue (1863-1937), député radical (1893-1910), puis sénateur du Gard à partir de 1910. Partisan de Dreyfus, fervent défenseur de l'école laïque, il est aussi très impliqué dans les affaires coloniales (il a été juge en Indochine et en Algérie, puis ministre des Colonies en 1902). Il passe pour un authentique radical, un homme de gauche, même s'il a voté en faveur des trois ans. C'est effectivement à lui que Poincaré finit par faire appel pour former un gouvernement d'orientation radicale quelques jours plus tard.

(3) Trois figures politiques de la période prérévolutionnaire, témoignant de l'impossible réforme de la monarchie.

L'Humanité du 9 décembre 1913

La seule voie

Le ministère Doumergue est constitué. S'il mérite seulement le quart des haines et des injures que toute la presse réactionnaire et modérée a dès hier répandues sur lui, il aura une grande place dans l'Histoire. Mais ne lui fait-elle pas trop d'honneur ?

Le Figaro pensant aux républicains les appelle avec un dédain aristocratique « ces gens-là ». *Le Temps* distille sur les ministres une de ces phrases empoisonnées dont il a le secret : « À l'étranger surtout on remarquera et on soulignera le peu de prestige de nos nouveaux gouvernants ; on sera peut-être même tenté d'exploiter cette infériorité manifeste aux dépens de nos intérêts ». Qu'aurait dit de nous *Le Temps* si nous avions parlé ainsi de notre pays ? *Les Débats* très maîtres d'eux-mêmes, même dans les jours difficiles, sont incapables cette fois de toute modération ; je dirais presque qu'ils ont perdu toute retenue. « Nous n'avions pas encore descendu, s'écrient-ils, ce degré de l'histoire parlementaire, ce n'est pas un cabinet, c'est une coterie qui s'est emparée du pouvoir, ce n'est pas un gouvernement, c'est un ministère de défi. L'opinion tout entière de notre pays sera stupéfaite et anxieuse. » Puis après avoir personnellement injurié M. Doumergue, *Les Débats* déclarent que cette épreuve est au-dessus des forces de la France. « C'est au Parlement de ne pas la permettre, c'est au Parlement qui a soutenu la loi de trois ans et la politique nationale de se lever tout de suite contre une coterie de démagogues et de faire disparaître sans délai ce cabinet. Et si par hasard le Parlement capitulait et supportait un tel gouvernement, c'est que notre pays en serait venu à cette heure trouble où toutes les aventures deviennent possibles. » Ainsi *Les Débats* exigent de la Chambre que dès jeudi, dès la première rencontre, elle abatte au nom de la réaction militaire le gouvernement nouveau.

Le Gaulois [1], lui, est à l'état de fureur et de scandale ; il n'est pas seulement indigné, il est bouleversé, il ne comprend pas, il ne peut pas comprendre qu'un pareil attentat contre la patrie et l'ordre public puisse se commettre sous la présidence de M. Poincaré.

C'est comme si le sanctuaire était profané avec la complicité du prêtre; et les hommes du *Gaulois* font savoir à l'élu de Versailles qu'ils ne croiront à ce ministère diabolique que quand ils auront vu de leurs yeux la signature du président au bas des décrets nommant les nouveaux ministres. On se demande devant ces explosions de surprise exaspérée : qu'attendaient donc du septennat Poincaré les hommes de la réaction ? Que s'en étaient-ils promis ? Espéraient-ils avoir mis à jamais la main sur la République ? Déjà dans le monde réactionnaire aux véhémentes colères soulevées contre le président s'ajoutent de sourdes menaces et le bruit orageux des grandes vagues s'accompagne d'un petit clapotis fangeux.

Évidemment nous touchons à une de ces heures de crise où la responsabilité de tous les partis sera grande. Le ministère nouveau est perdu s'il imagine un seul instant qu'il pourra désarmer ou seulement atténuer ces haines implacables par la faiblesse et par l'équivoque; il ne fera qu'irriter l'audace de la meute.

Qu'il affirme au contraire sans ambiguïté, sans réticence et sans peur le programme du parti au nom duquel il prétend gouverner. Qu'il annonce sans ambages qu'il inscrira la réforme fiscale dans la loi de finances et qu'il proclame sans détour que la loi de trois ans ne peut être pour la France qu'un abri tout provisoire qui permettra au pays d'organiser sans délai par l'éducation de la jeunesse et des réserves un régime plus démocratique, plus efficace et moins accablant, qu'il ne désavoue rien du programme de Pau. Alors il pourra vivre, braver les fureurs de la réaction et rouvrir les voies légales au peuple de France marchant vers l'avenir.

On comprend que sous l'imminence de ces tempêtes les proportionnalistes n'aient pas voulu connaître, dans la bataille de jeudi, le sort de la grande réforme électorale à laquelle tous ils demeurent passionnément attachés. À l'avènement du ministère Barthou, ils s'étaient contentés d'une déclaration laissant ensuite chaque parti voter selon les nécessités politiques immédiates. Cette fois, ils ont décidé à l'unanimité de demander au ministère la garantie que la question ne sera pas écartée et que la Chambre recevra du Sénat une réponse toute prochaine; ils auront ainsi assuré devant eux le terrain. Et quel dommage vraiment, quel malheur pour le pays et pour la République, si les républicains jusqu'ici réfractaires à la réforme ne comprenaient pas enfin que pour elle seule une action à la fois autonome et parallèle des partis de gauche serait rendue possible.

III

(1) Autre titre de presse légitimiste et conservateur.

L'Humanité du 19 décembre 1913

Réforme fiscale et réforme électorale

On dit que M. Caillaux [1] a produit une forte impression sur la commission sénatoriale des finances et qu'il y a plus de chances maintenant pour que l'impôt sur le revenu soit vraiment voté au Sénat. Peut-être mais comment se fait-il que M. Caillaux ait été vaincu par sa victoire ? Est-il vrai, comme le disent les comptes rendus, que, voulant sans doute achever son triomphe en conquérant le cœur des sénateurs, il ait abandonné l'inscription de la réforme fiscale dans la loi de finances ? Il aurait ainsi jeté loin de lui, par une sorte de coquetterie, la seule arme décisive. Il aurait oublié l'engagement pris par lui il y a quelques jours à peine devant la Chambre. Qu'on lise l'extrait de L'Officiel que nous reproduisons : quel fonds pourrons-nous faire désormais sur les affirmations ministérielles les plus nettes ? Et si, dans la question fiscale, où il était le plus catégorique, le gouvernement répudie ou néglige la seule méthode vraiment efficace, quel ressort aura sa politique ?

Pour la réforme électorale, le courageux et vigoureux effort de Groussier [2] a prouvé qu'elle restait à l'ordre du jour. C'est un problème qu'on n'éludera pas. Et nous souhaitons passionnément, comme démocrate, comme républicain, qu'il soit résolu avant les élections générales, afin que le suffrage universel puisse se prononcer en toute clarté, afin qu'il soit débarrassé tout ensemble des tares du scrutin majoritaire et des équivoques que la question même de la réforme électorale mêlera nécessairement au combat. Non, il n'est pas trop tard. Si le Sénat sait comprendre enfin, l'union sur un système rationnel peut se faire. Dire que le pays décidera, ou c'est ne rien dire du tout, ou c'est dire que la réforme électorale sera la principale plateforme, que cette question sera celle qui, au second tour, servira de criterium et de point de ralliement. Mais que deviennent alors les problèmes fiscaux, militaires, scolaires, sociaux ? Que devient toute l'orientation politique du pays ?

Le péril est si grand que j'ai songé parfois à proposer à tous les partis organisés, si par malheur la réforme n'aboutit pas devant le Parlement, de s'entendre au moins pour considérer le premier tour de scrutin comme une sorte de référendum. On ferait le total de tous les suffrages proportionnalistes d'un côté, de tous les suffrages majoritaires de l'autre, et là où serait la majorité, là serait la volonté du pays, acceptée et reconnue par tous.

La fédération socialiste des Deux-Savoie, dans un ordre du jour très intéressant qu'on trouvera à notre « Vie sociale », propose un référendum plus direct. Le pays serait consulté avant les élections législatives sur la question de la réforme électorale, et la nouvelle Chambre n'aurait qu'à préciser en articles de loi la volonté manifestée par la nation. C'est dès lors sur les autres questions, l'organisation de l'armée, de l'école, de l'impôt, du travail que porteront les élections générales. Aucune confusion ne serait à craindre.

Il vaut la peine de méditer cette solution. Ceux mêmes qui condamnent le référendum ou qui ont peu de goût pour lui doivent reconnaître qu'il est utile et peut-être inévitable quand il s'agit de résoudre un problème qui trouble les rapports naturels des partis, qui groupe un moment des hommes habitués à se combattre sur tous les autres terrains. La question électorale doit être détachée des autres questions et soumise directement à la démocratie.

Il est fort possible que cette procédure, dans des conditions qui restent à déterminer, s'impose bientôt à nous. Elle sera peut-être la suprême ressource de ceux qui ne veulent ni abandonner ou subordonner la grande réforme électorale qui a, à leurs yeux, une si haute valeur d'éducation, d'organisation et de moralité, ni permettre qu'elle devienne, par le plus funeste paradoxe et le plus injuste destin, un élément nouveau de trouble, d'équivoque, d'intrigue et d'improbité.

Mais comme il serait plus simple que le Sénat comprît la gravité de la crise et fît un grand effort vers une solution parlementaire immédiate !

XXX

(1) Caillaux a été une nouvelle fois nommé ministre des Finances dans le gouvernement Doumergue, cette fois doté de l'autorité conférée par son élection à la présidence du parti radical.

(2) Arthur Groussier (1863-1957), militant du Parti ouvrier socialiste révolutionnaire de Jean Allemane puis de la SFIO, est député du Xe arrondissement de Paris de 1893 à 1902, puis de 1906 à 1924. Il est un chaud partisan de la représentation proportionnelle.

L'Humanité du 22 décembre 1913

Colères d'impuissance

Hier, à Saint-Étienne, le discours de l'apaiseur fut un discours de furieux [1]. Les journaux modérés et réactionnaires nous avaient annoncé un large exposé politique, des paroles de sérénité et de clarté. Nous n'avons eu qu'un plaidoyer hargneux et confus, insultant et exaspéré.

M. Briand, qui dénonce si volontiers la bassesse des polémiques locales, a parlé comme un candidat de village qui craint de n'être pas réélu.

Répondant à M. Caillaux, qui l'avait accusé d'être un endormeur, il a, lui, dénoncé les ministres comme des hommes qui s'enrichissent avec une scandaleuse rapidité. Le voilà bien, l'apaisement entre républicains ! Mais, puisque M. Briand est blessé à ce point dans sa délicatesse d'homme et dans sa conscience de républicain, c'est devant la Chambre, c'est à la tribune qu'il doit porter ce réquisitoire. Lancer dans le pays des accusations de cette sorte serait une indignité si l'on n'était pas résolu à les produire dans un débat public en face de l'adversaire.

M. Briand, parlant des réformes fiscales, a dit qu'il n'était pas de ceux qui confondaient le progrès avec l'emploi de la pince-monseigneur, et les journaux réactionnaires du soir ont reproduit cette parole en italique. Il faudra que M. Briand s'explique. Est-ce l'impôt sur le revenu ou sur le capital qu'il a prétendu viser ? Est-ce la déclaration ? Est-ce la progression ? Comment, par quelle méthode entend-il faire face à l'énorme déficit ? A-t-il oublié qu'il a été le collègue de M. Caillaux quand celui-ci faisait voter par la Chambre, avec le concours des socialistes, l'impôt sur le revenu ? A-t-il d'autres systèmes fiscaux à proposer ? A-t-il une autre politique financière à formuler ? Qu'il le dise, ou ses partisans, même les plus aveuglément dévoués, seront obligés de convenir qu'il n'a plus à son service que des mots de violence et d'outrage, calculés pour flatter les plus basses passions réactionnaires.

Il a déclaré la loi de trois ans nécessaire et intangible, mais ici encore, chose curieuse, il a été dominé par ses ressentiments contre M. Clemenceau et contre M. Caillaux au point de dire que c'est l'expédition du Maroc qui a rendu la loi de trois ans inévitable. Nous recueillons l'aveu, nous le commenterons devant le pays et il nous sera facile de démontrer que M. Briand, qui s'indignait l'autre jour à la Chambre contre ceux qui affaiblissent moralement la loi de trois ans, a plus fait que personne pour la discréditer en l'expliquant par ses origines marocaines.

Mais à quoi bon analyser et discuter tout cela ? Ce discours n'est pas un acte politique ; c'est l'explosion de colère impuissante d'un homme qui ne peut plus revenir à gauche et qui n'ose pas encore aller délibérément jusqu'à la droite, se constituer contre l'ensemble des forces socialistes et radicales le chef d'un grand parti conservateur et modéré.

Dans son discours de Saint-Étienne, il attaque tous les partis ; il dit à la droite, dont il sert pourtant les desseins : « Je ne veux pas gouverner avec vous. » Il dit aux socialistes qu'ils sont la violence et le désordre. Aux radicaux, qu'ils sont l'incohérence, l'intolérance et la corruption. Il ne reste plus que lui, et il est visible, par son aigreur et son dépit, qu'il a perdu sa confiance en lui-même et son assurance de jadis. Il plaide pour sa personne, aigrement, petitement, comme si sa personne était tout et comme si ce tout n'était rien.

Ce serait presque lugubre, si ce n'était tout à fait comique. Mais quand on pense que la glorification de la loi de trois ans s'est produite devant des hommes comme Ledin, Piger, Sagnol qui se disent encore socialistes. Quand on songe que *Les Débats* qui réclament la clarté, l'organisation des partis, la netteté des idées et l'exactitude des formules, attendent toutes ces belles choses, et l'exposé lumineux et franc de la politique modérée, d'un discours prononcé à Saint-Étienne sous les auspices d'une « fédération socialiste », on se demande s'il faut rire ou pleurer d'une si prodigieuse bouffonnerie.

III

(1) Aristide Briand prononce un discours à Saint-Étienne le 21 décembre. L'ancien président du Conseil y confirme son opposition au nouveau gouvernement Doumergue et aux radicaux, et s'en prend notamment à Caillaux et aux « Ploutocrates démagogues ».

L'Humanité du 16 janvier 1914

Rayons et ombres

Le très habile exposé financier que M. Caillaux a fait hier à la tribune de la Chambre a un très grand mérite et un très grave défaut [1]. Son mérite, c'est qu'il trace un plan étendu qui se développe sur plusieurs années et qu'en espaçant ainsi les difficultés, il les rend au moins en apparence plus aisées à résoudre. Il a notamment atténué ainsi les résistances que rencontrera la réforme fiscale, qui n'est plus appelée à combler tout de suite tout le gouffre du déficit.

Des projets fiscaux qu'il annonce, je ne veux dire aujourd'hui qu'une chose : c'est que l'impôt sur le capital et l'impôt sur le revenu doivent être étroitement liés. Il est impossible de frapper par l'impôt sur le capital les classes moyennes et de très modestes contribuables, si l'impôt sur le revenu ne se substitue pas en même temps aux contributions existantes et n'apporte pas à la démocratie, notamment à la démocratie rurale, aux artisans et modestes commerçants, les dégrèvements depuis longtemps promis. Mais enfin la grande réforme fiscale paraît dès maintenant en bonne voie.

Mais l'exposé de M. Caillaux a ce vice grave, qu'il risque d'enlever au pays le sentiment net, vif et exact des difficultés financières créées par la politique militariste et coloniale. Ces difficultés, quelle que soit la prestesse du tour de main, restent formidables : l'emprunt, dans le plan de M. Caillaux, atteindra près de trois milliards, car il faudra faire face par l'emprunt aux dépenses marocaines qu'il met hors budget et à des dépenses militaires extraordinaires dont le précédent cabinet avait dissimulé le chiffre. L'impôt sera fortement accru, et, malgré tous ces sacrifices, l'équilibre du budget ne sera graduellement réalisé qu'à condition que pendant de longues années le pays s'interdise toute grande dépense productive, toute amélioration de son outillage et de ses écoles, toute grande loi d'assurance sociale, d'hygiène ouvrière et de solidarité humaine.

Les dépenses militaires et navales absorberont tout ; elles dévoreront le produit des impôts nouveaux, détournés de leur fonction de justice et de progrès. Avant tout, c'est le service financier de la loi de trois ans qui sera assuré, et M. Caillaux disposait ses chiffres et ses prévisions comme si pour de longues années la loi funeste était intangible.

Ainsi, sous l'apparence aisée de ces combinaisons, je sentais avec douleur quelque chose d'aride et de stérile. Les sources nouvelles de revenus publics, créées par la réforme fiscale, se perdaient dans le sable. C'était comme un vaste désert uni et morne où aucune oasis de réforme sociale n'attendait le voyageur.

C'est pourquoi nous, socialistes, tout en coopérant sous des conditions déterminées à l'œuvre de transformation fiscale, nous ne cesserons de dénoncer au pays la politique insensée qui l'épuise comme elle épuise l'Europe et qui prépare partout de sinistres conflits sociaux; nous ne cesserons de répéter qu'il faut s'acheminer vers un autre idéal, rompre avec un militarisme routinier et accablant et préparer la certitude de la paix.

III

(1) Le ministre des Finances, dans la perspective de la discussion du budget de 1914, tente alors de dessiner les voies d'un équilibre, en apurant certains postes de dépense ou en les mettant sur un compte à part (Maroc), en faisant appel à l'emprunt, et en poursuivant le projet d'impôt sur le revenu (voté par la Chambre, mais toujours en discussion au Sénat), et surtout son nouveau projet d'impôt sur le capital (un impôt progressif par tranches, ne dépassant pas 2,5 % sur les fortunes de plus de 30 000 francs).

L'Humanité du 20 janvier 1914

Le général Picquart est mort

La mort du général Picquart éveille en moi une poignante mélancolie [1]. C'est l'évocation brusque d'un passé déjà lointain de luttes ardentes et douloureuses, de générosité, de souffrance et d'espoir. Comme la destinée de cet homme a été incomplète ! Quand M. Clemenceau l'appela au ministère de la Guerre, je dis à nos amis combien je déplorais cette nomination. Qui pouvait répondre en effet que la noblesse morale et la pénétration d'esprit dont le lieutenant-colonel Picquart avait fait preuve au cours du drame de l'affaire Dreyfus lui conféraient les qualités nécessaires pour administrer et réformer l'armée ? Je craignais qu'il perdît, dans une tâche à laquelle il n'était pas préparé, une partie des sympathies et des titres que son héroïsme lui avait créés. Les événements me donnèrent raison ; et ce ministère fut pour beaucoup une déception cruelle.

Mais qu'importent après tout ces erreurs du destin et ces fausses directions de la vie ? Il suffit de quelques heures lumineuses et ferventes pour donner un sens à toute une existence, pour en prolonger dans l'Histoire le reflet et l'exemple. Les bons citoyens ne se souviendront à cette heure que du mot tranquille par lequel jouant sa vie il se fit l'ouvrier de la justice : « Je n'emporterai pas ce secret dans la tombe. » Et pour moi, j'évoque le souvenir de nos conversations prolongées dans la salle des témoins du palais de justice au procès Zola, de nos entretiens familiers sur les routes de Bretagne après les audiences du procès de Rennes, dans le crépuscule où il me semblait parfois sentir une fois de plus l'agonie de la justice (2).

Et voici que par une rencontre tragique, qui ajoute pour nous à la tristesse de l'heure présente, au moment même où Picquart meurt, un mal redoutable s'abat sur l'homme qui avait le mieux traduit les jours héroïques de Picquart : Pressensé (3), plus qu'à demi foudroyé, lutte contre les menaces de l'ombre où Picquart vient de disparaître. Ô misère de la vie si elle n'était pas ennoblie par le devoir et illuminée, jusque dans sa détresse, d'un haut idéal et d'une magnifique espérance impersonnelle.

Ne dites pas que l'effort de Picquart et de ceux qui luttèrent avec lui a été vain, puisque, en ce moment même, la pire réaction militaire triomphe. Cette victoire n'est qu'apparente, et elle est précaire. Demandez-vous au contraire ce que seraient la France et la République si nous n'avions pas, il y a quinze ans, lutté pour le droit. Le ressort républicain, socialiste et humain serait brisé à jamais dans les consciences françaises. Ce ressort subsiste et il ne tardera pas à se redresser. La réaction est juste à sa manière puisque, malgré l'interposition d'un ministère de trois ans qui affligea la démocratie et la classe ouvrière, elle a gardé au lieutenant-colonel Picquart une implacable rancune. Autour de son commandement d'Amiens, toute la haute société réactionnaire faisait le vide. Sa haine persévérante était un hommage. Elle serait aussi pour nous, si nous avions besoin, une leçon. Nous ne voulons nous souvenir et nous ne nous souvenons que des heures glorieuses et impérissables.

III

(1) Le général Picquart, qui avait découvert les preuves de l'innocence de Dreyfus et contribué à faire éclater « l'Affaire », meurt le 19 janvier 1914 des suites d'une

chute de cheval. Il avait repris et poursuivi sa carrière après avoir été réintégré dans l'année, et était devenu ministre de la Guerre du gouvernement Clemenceau (1906-1909).

(2) Le procès de Zola à la suite de la parution de « J'accuse » en février 1898 et le second procès Dreyfus à Rennes en 1899.

(3) Pressensé meurt effectivement lui aussi quelques heures plus tard.

L'Humanité du 14 mars 1914

Le vrai combat

La réaction, épouvantée par l'approche de l'impôt sur le revenu essaie de créer autour de la bataille une atmosphère de scandale. Quand j'emploie le mot de scandale, je n'entends point par là discréditer les accusations qui, dans les démocraties, guettent nécessairement les hommes publics. Le scandale est tantôt le mensonge qui s'insinue, tantôt la vérité qui éclate. Ce que nous demandons, c'est que les vengeurs de la vertu agissent en pleine lumière et produisent des preuves. Ce que nous demandons aussi, c'est qu'on n'abuse pas de la moralité publique comme d'un moyen de parti contre une œuvre de réforme assaillie par tous les égoïsmes de la classe privilégiée.

Depuis quelques jours, c'est contre M. Caillaux que s'acharne la presse de réaction [(1)]. Hier, elle publiait et exploitait contre lui une lettre écrite en 1901 à une femme et où il a l'air de se jouer de l'impôt sur le revenu [(2)]. Quelle heure trouble a-t-il traversée ? L'explication qu'il donne de cette épître politico-amoureuse est-elle suffisante ? Ou a-t-il cru conquérir un cœur féminin en se donnant je ne sais quel rôle de Machiavel ou de héros balzacien qui méprise les hommes ? J'ose dire que si cela a un intérêt psychologique, cela n'a pas un intérêt politique essentiel pour ceux qui comme nous regardent à la bataille plus qu'aux combattants.

Plus grave serait l'intervention irrégulière dans l'affaire Rochette [(3)]. Mais, ici, j'ose dire que j'ai eu hier l'assentiment de toute la Chambre quand j'ai dit : « Si vous n'avez aucun élément nouveau et probant, que signifie cette campagne ? Et si vous avez, comme on en colporte l'assurance dans les couloirs de la Chambre et dans les salles de rédaction, des documents décisifs, produisez-les; montrez-les. Les ajournements savants et les combinaisons dilatoires ne servent pas la vérité. Donnez-nous le moyen de décider en connaissance de cause. Je jure que nous nous prononcerons en toute conscience et en toute indépendance. » Seulement, s'il est vrai qu'il y a une note du procureur général Fabre[4] qui démontre que des pressions immorales se sont exercées, je ne puis pas oublier que, comme président de la commission d'enquête sur l'affaire Rochette, j'ai adjuré du haut de la tribune le garde des Sceaux d'alors, M. Briand, d'exiger de son subordonné des explications catégoriques. J'ai encore dans l'oreille l'accent mélodramatique des paroles de M. Briand : « Quoi ! Vous me demandez d'enquêter mes prédécesseurs ! Quelle besogne attendez-vous donc de moi, monsieur Jaurès ? » Si donc il y avait eu intervention coupable, M. Briand l'a couverte alors, autant qu'il dépendait de lui ; c'est lui qui a fait alors obstacle à la vérité, s'il y a en effet une vérité douloureuse qui soit restée cachée. Il faudra, quand le débat se rouvrira, si on le rouvre par les documents annoncés, que l'explication soit complète, que toutes les responsabilités soient mises en jeu et que les sanctions nécessaires soient appliquées à tous par un vote de la Chambre éclairé, juste et complet.

Il faudra aussi qu'on en finisse avec ce régime politico-financier qui, de proche en proche, de combinaison en combinaison et de complaisance en complaisance, a abouti à ce fait que quatre ministres des Finances dirigent maintenant des banques à émissions. Oui, et je n'ai pas craint de le dire à la Chambre avec les précisions nécessaires : mais par quelle manœuvre, quand on a en face de soi M. Caillaux, M. Dumont, M. Cochery, M. Doumer', fait-on porter tous les coups sur celui qui mène à cette heure, avec les variations mais aussi avec les ardeurs de son tempérament, la bataille de justice fiscale ?

Les réactionnaires, aux heures critiques où les privilèges des classes dominantes sont menacés, ont cette tactique éternelle ou de calomnier les combattants de la démocratie ou d'exploiter à outrance leurs fautes réelles, leurs erreurs démontrées et leurs défaillances en couvrant d'une obscurité complaisante et d'un silence ami les fautes, les erreurs et les défaillances des défenseurs de privilège.

Leur fureur redouble aujourd'hui à mesure que diminue leur criminelle espérance d'échapper aux sacrifices d'argent que commande la justice. Au Sénat même, la majorité qui se prononce contre l'impôt général sur le revenu, contre l'impôt sur la rente qui en est dans notre pays un élément nécessaire, est si faible qu'il suffira à la Chambre du suffrage universel, pour vaincre ces résistances fléchissantes, d'user de l'arme souveraine qu'elle a en main. Nous serions injustes et lâches si nous ne reconnaissions pas, si nous ne proclamions pas que M. Caillaux a vigoureusement et habilement mené la lutte au Sénat. Mais, c'est dans la loi de finances qu'est le champ de combat. C'est en y incorporant les réformes nécessaires que la Chambre en assurera le triomphe. En ce point vital, la volonté socialiste est irréductible.

Je sais que la réaction, exaspérée de notre ferme clairvoyance, essaie de nous envelopper dans sa nuée d'outrages et de soupçons. Elle ne troublera pas notre regard, et elle ne fera pas vaciller notre résolution. L'impôt général et progressif vaut pour nous, d'abord parce qu'il permettra de constater officiellement la réalité sociale et le mouvement économique, ensuite parce qu'il évitera au prolétariat la charge directe et accablante de l'impôt, et surtout parce qu'il rendra immédiatement sensibles aux classes riches les charges de la paix armée et de la politique chauvine et qu'il sera ainsi un frein aux entreprises belliqueuses, une sanction à l'outrance des armements, un châtiment de la réaction militaire, une chance et une garantie de sagesse et de paix.

Vers ce but nous marcherons d'un pas assuré à travers les calomnies, à travers les malentendus, à travers les ténèbres accumulées sur le pays par les partis de l'intrigue et la presse du mensonge.

III

(1) La presse et les milieux d'affaire se déchaînent alors en effet contre Caillaux et ses projets de réforme.

(2) Le 13 mars, *Le Figaro* a publié une lettre intime de Caillaux datant de 1901, envoyée quelques années auparavant à une femme anonyme (il s'agit en fait d'Henriette Rainouard, qui deviendra sa femme dix ans plus tard), lettre très politique, où Caillaux se vantait, lors d'un débat à la Chambre, d'avoir « remporté un très beau succès ».

(3) L'affaire Rochette constitue l'un des scandales financiers les plus connus de la IIIe République, et empoisonne la vie politique et les débats parlementaires depuis 1908. Henri Rochette est un financier qui a détourné à son profit 80 millions de francs à partir de 1905. Il est arrêté en 1908, jugé en 1910, mais le jugement est cassé en appel en 1912. L'affaire rebondit donc plusieurs fois et vire au scandale, un certain nombre de politiques étant accusés d'avoir commis des délits d'initiés et/ou d'avoir tenté de peser sur le processus judiciaire. Jaurès est le président de la commission parlementaire qui a été instituée en 1910 pour faire la lumière sur l'implication des uns et des autres. Caillaux fait également partie de cette commission. Il est accusé d'avoir cédé aux pressions des avocats de Rochette et d'avoir tenté d'influer sur le processus judiciaire.

(4) Le procureur général Fabre a remis au printemps 1912 à Briand, redevenu garde des Sceaux, une note sur les pressions politiques qu'il a subies.

L'Humanité du 17 mars 1914

Le destin

Mme Caillaux a hier soir tiré sur M. Calmette quatre balles de revolver (1). M. Calmette est gravement blessé ; Mme Caillaux a brisé sa propre vie ; et M. Caillaux, atteint par le contrecoup indirect et tragique des polémiques récentes, est démissionnaire. Quels coups imprévus du destin ! Et comme les conversations d'hier à la Chambre sur la séance d'aujourd'hui paraissent vaines !

Nous ne pouvons ce soir qu'exprimer un vœu : c'est que les blessures de M. Calmette ne soient pas mortelles. Au demeurant, nous ne commenterons pas le drame ; car nous risquerions, dans la confusion des affirmations premières, d'être injustes ou pour l'homme qui a été frappé ou pour la femme qui a frappé. *Le Figaro* affirme que la lettre publiée par lui n'était pas adressée à Mme Caillaux (2). D'après les communications du commissariat, Mme Caillaux affirme au contraire que cette lettre lui avait été adressée à elle, quand elle s'appelait Mme Léo Claretie (3) ; et elle déclare qu'elle avait eu lieu de redouter la publication d'autres lettres à elle adressées aussi. Le drame proviendrait-il d'une méprise ? *Le Figaro* aurait-il publié une lettre adressée à Mme Caillaux en croyant qu'elle était adressée à une autre ? Ou bien Mme Caillaux s'est-elle trompée en croyant reconnaître une lettre à elle adressée dans la lettre déjà ancienne publiée par *Le Figaro* ? Hélas ! Ni la hâte fébrile des polémiques venimeuses ni la brutalité sauvage du revolver ne laissent à l'esprit critique le temps de s'exercer.

L'enquête de justice fera sans doute la lumière sur ce point, mais dès maintenant, il est certain que l'idée d'un « attentat politique » lancée par quelques journaux est absurde. Car si la femme du ministre avait redouté l'effet politique des documents politiques dont *Le Figaro* annonçait la publication prochaine, en quoi ces coups de revolver pouvaient-ils l'empêcher ? Ils ne pouvaient qu'en aggraver l'effet. Cette déplorable tragédie aura comme conséquence immédiate d'ajouter à l'impuissance et au désarroi de cette fin de législature. Le parti républicain saura-t-il trouver dans la force de l'idée l'énergie du vouloir et l'élan pour le combat ?

(1) Le 16 mars, Mme Caillaux tire sur Gaston Calmette, le directeur du *Figaro*, qui menait une virulente campagne de presse contre son mari ; ce dernier meurt peu après. Caillaux. déjà en butte aux accusations liées à l'affaire Rochette, se trouve placé provisoirement hors-jeu et doit quitter le gouvernement.

(2) Il s'agit donc de la lettre publiée le 13 mars par *le Figaro*, mentionnée dans l'article précédent, et qui était bien adressée en effet à la future Henriette Caillaux.

(3) Henriette Rainouard a d'abord épousé en 1894 l'écrivain Léo Clarétie ; elle a divorcé avec lui en 1908 pour épouser Joseph Caillaux en 1911.

L'Humanité du 22 mars 1914

Le mot difficile

Jusqu'à la fin de l'enquête que j'ai l'honneur de présider [1] avec le seul souci d'aider à trouver la vérité, je m'abstiens délibérément de tout commentaire sur les incidents quotidiens, sur les témoignages contradictoires ou concordants, sur les résultats partiels, définitifs ou provisoires. L'heure n'est pas venue non plus de formuler des conclusions morales ou sociales d'ordre général.

Je peux cependant sans indiscrétion, traduire le sentiment qui s'imposait à moi, hier matin, en écoutant les magistrats qui se succédaient au palais Bourbon, dans le local du sixième bureau. Chez tous les hommes instruits, intelligents, diserts, il y avait un souci commun de défendre la magistrature, de s'élever contre les violences gouvernementales qu'elle a subies, de revendiquer pour elle le droit à l'indépendance réglée par la seule force de la loi. Et je me disais : « Tant mieux si de la crise présente sort une régénération des mœurs publiques ! » Mais je me disais aussi qu'il eût suffi, il y a trois ans, que parmi tous ces hommes un seul se fût levé et eût dit, soit au parquet, soit dans la Chambre du conseil : « Non, cela ne se fera pas », pour que l'affaire qui à cette heure trouble l'opinion eût pris un autre cours.

Mais pour ces hommes habitués aux longues harangues, aux réquisitoires abondants, aux amples considérants, et même aux procès-verbaux occultes, le mot « non », si court qu'il soit, a été depuis longtemps le plus difficile à prononcer.

Apprendront-ils à l'épeler cette fois, non pour lancer un défi à la démocratie et à ses lois, mais pour s'exercer à braver l'arbitraire et la corruption ?

J'en ai peut-être trop dit déjà et je m'arrête.

(1) Après l'assassinat de Calmette et la démission de Caillaux, la séance du 18 mars a été très animée à la Chambre, et a vu rebondir les débats (par exemple entre Barthou et le président du Conseil Doumergue) autour des pressions qu'auraient exercées Menis et Caillaux sur le procureur Fabre. La Chambre juge nécessaire alors de proroger les pouvoirs de la commission d'enquête présidée par Jaurès.

L'Humanité du 5 avril 1914

Les conclusions profondes

C'est en prenant acte des conclusions de la commission d'enquête, c'est en s'appuyant sur elles que la Chambre a voté son ordre du jour. L'œuvre de recherche impartiale exacte et probe que la commission a accomplie ne peut être ni négligée ni ébranlée. Elle a déterminé et caractérisé les faits, elle a mis en lumière les causes immédiates et les causes profondes et sociales. Qu'importe que *Le Temps* ne veuille retenir qu'une partie de nos constatations, qu'importe qu'après avoir utilisé contre MM. Monis et Caillaux notre impartialité, il considère comme non avenu ce que nous avons dit de l'action de MM. Briand et Barthou. Si nous leur avions fait un procès de tendance, nos paroles seraient vaines, mais nous avons simplement constaté des faits que nul, si ingénieux soit-il, ne peut contester.

Qu'importe aussi que *Les Débats*, affectant d'ignorer les résultats mêmes de notre enquête, écrivent que nous n'avons pas fait la lumière sur les points essentiels, alors que nous avons indiqué tous les ressorts de l'événement ? Cet incroyable parti pris des *Débats* prouve seulement que les modérés ne sont pas incapables de ces bassesses électorales dont ils voudraient bien infliger le monopole aux radicaux et aux socialistes.

Les conservateurs de la libre Angleterre sont plus justes pour moi, et je suis fier, je l'avoue, de lire dans leur plus grand journal, qu'en cherchant honnêtement et courageusement le vrai, j'ai rendu un grand service à la République et à la France.

Le Times a d'ailleurs moins de dédain que *Le Temps*, pour ce que celui-ci appelle les homélies révolutionnaires, mêlées aux conclusions de la commission. Partout, dans le monde, la nécessité apparaît de soustraire l'action politique aux influences de la finance. Nous pouvons bien dire, nous socialistes, et nous démontrons en effet qu'une société fondée sur l'antagonisme des classes, sur le privilège capitaliste, sur la prédominance de l'argent et des appétits qu'il déchaîne est, par son principe même, une force de corruption. Et il est vrai qu'une grande transformation sociale est la condition suprême de l'universel assainissement moral. Mais en cette question comme en toutes les autres nous ne renonçons pas à lutter, dès maintenant, pour atténuer le mal et nous n'attendons pas, indifférents et inertes, l'heure où nous pourrons le déraciner. Par l'éducation plus forte des citoyens, rendus capables d'un contrôle plus efficace et plus actif, par l'organisation de grands partis solidement constitués, dotés de ressources loyales et d'une grande presse politique affranchie des influences occultes et malsaines, la vie publique du pays sera plus sûre, plus claire et plus probe.

La réforme électorale n'est qu'un élément du vaste problème. Nous n'avons jamais regretté le temps et l'effort que nous y avons donné ; nous le regrettons aujourd'hui moins que jamais.

L'Humanité du 6 avril 1914

Le même combat

Voilà donc la bataille électorale engagée [1]. Le Parti socialiste y entre de plein cœur et en pleine confiance, avec la force incomparable que lui donne son idéal, avec la force que lui donne toute son action passée. Il n'a qu'à dire au pays qu'il continuera, sur tous les terrains d'action immédiate, avec le surcroît de puissance reçu du pays lui-même, le combat qu'il a mené.

Demain comme hier il luttera contre les risques de guerre et s'associera à l'effort de la démocratie socialiste européenne pour écraser les germes de conflit. Il travaillera passionnément à réaliser cette entente de la France, de l'Angleterre et de l'Allemagne qui serait le fondement de l'universelle paix et comme un trépied de civilisation.

Demain comme hier, il réclamera l'abrogation de cette funeste loi de trois ans qui compromet la défense nationale et menace jusque dans ses sources la vie française.

Demain comme hier il essaiera d'épargner à la production l'énorme fardeau d'impôts nouveaux qui est la conséquence fatale d'une politique coloniale outrancière et d'une politique militaire routinière et gaspilleuse.

Demain comme hier il exigera que du moins ce soient les riches qui soient appelés à porter les charges nouvelles, à combler l'effroyable déficit que leur égoïsme a creusé, que leur aveugle obstination se refuse à réduire.

Demain comme hier il dénoncera la disproportion effrayante entre les dépenses énormes de destruction ou de stérilisation et les dépenses si maigres de solidarité sociale, et il luttera pour obtenir au profit des travailleurs, contre tous les risques, une large assurance nationale. Il réclamera des lois de protection pour les salariés, et la plénitude des droits du citoyen et du travailleur pour l'innombrable foule des fonctionnaires.

Et demain comme hier, avec une énergie surexcitée, s'il est possible, par la tristesse et la honte d'événements récents, il demandera, il exigera cette grande réforme électorale qui, seule, peut, en organisant la démocratie, créer la responsabilité des partis et protéger les mœurs publiques contre les infiltrations impures d'une finance corruptrice qui serait bientôt maîtresse des partis décomposés.

Le Parti socialiste combat le privilège social en son principe, en ses manifestations, en ses conséquences. Il combat la politique de réaction dans l'ordre militaire, la politique de chauvinisme dans l'ordre international. Il combat, dans l'ordre social, le régime d'oligarchie ; dans l'ordre politique, le régime de clientèle. Il lutte pour la paix, pour la justice, pour la propreté, pour l'ordre véritable, pour l'intégrité matérielle et morale de la patrie appelée à se protéger elle-même, pour le prolétariat et pour la civilisation.

(1) Les élections législatives doivent avoir lieu le 26 avril et le 10 mai. Les congrès radicaux de Pau et socialistes d'Amiens facilitent la logique du rassemblement à gauche, tout comme l'organisation d'une campagne autour des grandes thématiques de la représentation proportionnelle, de l'impôt et du service militaire.

L'Humanité du 19 avril 1914

La liberté du vote

Carmaux, 17 avril

Quand il faut mener la bataille électorale dans une circonscription très diverse, et porter la parole socialiste des mineurs de Carmaux aux paysans de la montagne cévenole, la fatigue est grande, et il faut gravir à pied bien des chemins abrupts. Mais on a la joie de constater que les mêmes idées unissent de plus en plus des hommes qu'autrefois séparaient des abîmes. Ouvriers industriels et travailleurs paysans des Cévennes s'émeuvent de la même espérance et aboutissent aux mêmes conclusions.

Et puis, comme Bracke le notait l'autre jour fort justement, par la campagne électorale on entre en contact avec bien des faits particuliers qui prennent peu à peu un sens général. Pour ma part j'en ai enregistré un grand nombre qui m'aideront beaucoup, soit pour la révision nécessaire de plusieurs des lois sociales, soit pour l'interprétation du mouvement économique et en particulier de la condition des classes rurales et de la propriété foncière.

Aujourd'hui je veux seulement noter un point. C'est que, si les salariés ont conscience de leur force réelle, ils peuvent voter cette fois en toute liberté et en toute sécurité. Ce n'est pas seulement à cause du vote sous enveloppe et de l'isoloir [1]. Ces garanties matérielles déjà précieuses sont cependant incomplètes. Elles le seront tant qu'il n'y aura pas des bulletins uniformes déposés dans la cabine d'isolement. Mais ce qui protège le mieux, en ce moment, la liberté de tous les travailleurs, de tous les prolétaires ouvriers ou métayers, c'est que les patrons et propriétaires ont absolument besoin d'eux.

Dans l'état de tension actuelle du marché du travail, il y a pénurie de main-d'œuvre. Le capital est obligé de courir après le travail. Aux mines de Carmaux, il y a quelques années, on se servait de la promesse d'embauchage, pendant la période électorale, comme d'un moyen d'influence [2]. On appelait les uns, on refusait les autres. Maintenant il faut prendre tout le monde, et la compagnie est obligée d'embaucher ceux mêmes qu'elle avait renvoyés jadis. La verrerie Rességuier [3] a été obligée d'employer des Espagnols. La mine de Cagnac vient d'appeler des Kabyles. Dans nos campagnes, les journaliers sont introuvables. La loi de l'offre et de la demande qui a fonctionné longtemps et le plus souvent contre les salariés fonctionne en ce moment pour eux. Cela pourra avoir dans un avenir prochain bien des conséquences de tout ordre. Mais la conséquence la plus immédiate, c'est que partout les salariés, sentant le besoin qu'on a d'eux, peuvent exercer sans crainte et sans risque leur droit de citoyens. Il n'est plus possible de les frapper : car comment les remplacerait-on ?

III

(1) La loi du 29 juillet 1913 a introduit et rendu obligatoires l'isoloir, le vote sous enveloppe et le dépôt dans l'urne par l'électeur lui-même.

(2) Les pressions sur les électeurs dans les bassins miniers ont été importantes, soumis à l'emprise patronale.

(3) La verrerie Sainte-Clotilde fondée par Eugène Rességuier à Carmaux.

L'Humanité du 6 mai 1914

Égoïsme et routine

Pendant que la réaction et ses complices de la Fédération des gauches tentent de semer la panique dans le pays à propos de l'impôt sur le revenu, pendant que les privilégiés de France essaient de se dérober aux sacrifices consentis par la bourgeoisie allemande et la bourgeoisie anglaise, le chancelier de l'Échiquier d'Angleterre aggrave sur les classes riches, pour tous les revenus supérieurs à 25 000 francs, le poids de l'impôt global et déclaré. Grâce aux grands mécanismes fiscaux créés par la démocratie anglaise (1), elle peut faire face à des charges multiples sans grever, au moins directement, les pauvres.

C'est pitié de voir l'impuissance où se débat notre pays paralysé, non seulement par l'égoïsme, mais par la routine de ses classes dirigeantes. Une partie de la petite bourgeoisie et des classes moyennes se laisse embaucher dans l'entreprise du grand capital et de la haute bourgeoisie qui préparent précisément l'écrasement fiscal de la petite bourgeoisie et des classes moyennes comme du peuple ouvrier et paysan.

Ce qu'il y a de déplorable dans cet esprit de résistance, c'est qu'il ne procède pas seulement d'égoïsme : c'est qu'il révèle un défaut d'intelligence, d'initiative, de hardiesse opportune, qui se fait sentir aussi dans toute la conduite des affaires et de la production par la bourgeoisie française. C'est un esprit de timidité, de petitesse, de mesquinerie qui nous envahit. La pensée se resserre comme la conscience; et bien loin que la politique de réforme puisse compromettre l'essor économique de la France, elle y aidera au contraire en brisant les liens de passivité et de routine où les forces de la nation sont enchaînées. Nos classes dirigeantes n'ont plus d'activité et de vigueur que pour la résistance. Toute leur énergie se dépense dans la réaction. Elles n'en ont plus pour l'action. L'attachement opiniâtre à des formes d'impôt qui ne sont pas seulement iniques, qui sont surannées, n'atteste pas seulement je ne sais quoi de sordide.

Il constitue une abdication de l'intelligence et de la volonté. C'est, comme la loi de trois ans, le triomphe de la paresse intellectuelle, et on ne saurait persévérer dans toutes ces ornières sans préparer une sorte d'abêtissement national.

(1) Les réformes menées par le chancelier de l'Échiquier Asquith et son successeur Lloyd George, tous deux membres du Parti libéral, ont abouti à la mise en place de la différenciation (travail/capital) et de la progressivité de l'impôt sur le revenu (income tax) en 1907 et 1909. Cela se traduit notamment par la mise en place d'une *super tax* sur les revenus supérieurs à 5 000 livres. Malgré les conflits qui en découlent, l'impôt sur le revenu est bien mieux accepté, et utilisé bien plus activement à cette époque en Grande-Bretagne qu'en France.

L'Humanité du 21 mai 1914

L'interview de M. Combes et la situation ministérielle

M. Combes a précisé ses vues sur la situation politique dans une interview publiée par *Le Radical* et dont lui-même avait revu le texte [1]. Cette déclaration a ces qualités de netteté et de décision qui firent au pouvoir la force de l'ancien président du Conseil. Je laisse de côté pour aujourd'hui ce qu'il dit de la réforme électorale. Elle est, selon nous, indispensable, et elle est assurée d'aboutir sous forme logique et exacte, par la proportionnelle vraie. Mais elle ne se heurtera plus à la résistance de la plupart des radicaux, et elle ne sera pas un obstacle aux deux grandes réformes, la réforme fiscale et la réforme militaire, que la Chambre abordera dès le début. Sur ces deux grandes réformes, M. Combes est très net.

Il affirme la nécessité de l'impôt général et progressif sur le capital et sur le revenu, avec déclaration contrôlée. Et il dit qu'une partie des ressources à provenir du nouveau système fiscal doit être affectée aux réformes sociales, notamment à l'amélioration des retraites ouvrières et à l'assurance d'invalidité.

Sur la question militaire, je tiens à reproduire textuellement ses paroles :

« À mon avis, le parti républicain doit marquer aussi, dès le début de cette législature, sa ferme volonté de revenir à la formule de nation armée, vers laquelle je m'honore d'avoir orienté la République durant mon ministère. Il ne s'agit pas, bien entendu, de rétablir sans plus tarder, du jour au lendemain, la loi de deux ans. Mais il s'agit d'en promettre formellement le retour et de le préparer par les moyens appropriés : ceux que nous avons préconisés au congrès de Pau. Il faut aussi, pour préparer cette armée républicaine, des chefs républicains. Il est évident que le retour aux deux ans ne saurait être sérieusement organisé par les partisans obstinés de la loi de trois ans ou même de quatre ans. Il faut épurer l'état-major, chasser l'esprit de réaction des hauts emplois de l'armée. »

Ce qui nous plaît dans ce programme, c'est que M. Combes ne ruse pas avec le problème. Il comprend très bien qu'on ne peut ni l'éluder ni l'ajourner, et qu'il faut se prononcer immédiatement, marquer d'emblée quel doit être le sens de l'effort. Cet effort, il veut qu'on le commence tout de suite ; et, comme nous avons devant nous dix-huit mois avant que la loi de trois ans soit effectivement appliquée, l'œuvre de transformation nécessaire sera accomplie avant cette date. Au Parti radical et à son gouvernement, nous n'avons pas le droit de demander davantage. S'il se conforme, comme l'y invite M. Combes, au programme de Pau, nous aurons le devoir de le soutenir. Certes, nous continuerons, dans le pays et au Parlement, avec une énergie passionnée, notre libre propagande pour une transformation plus vaste, pour l'application intégrale du principe de la nation armée. Mais j'ose dire qu'au ministère qui, dès les premiers jours de la législature, affirmera nettement la politique formulée par M. Combes, il ne manquera pas un vote socialiste. Nous l'aiderons de notre mieux, en toute indépendance et en tout désintéressement personnel, comme en toute loyauté républicaine, à repousser tous les assauts de la réaction, à prévenir toutes ses manœuvres et à déjouer tous ses pièges.

M. Combes, quoiqu'il ait gardé, si je puis dire, un souvenir de préférence pour l'ancien Bloc, et pour les formes de l'ancien Bloc, a assez d'intelligence politique pour comprendre que l'essentiel est de produire un programme de réformes qui permette aux socialistes comme aux radicaux une action vigoureuse.

Qu'on en finisse donc, dans la presse modérée, avec les controverses byzantines ; qu'on renonce à dire que nous nous enveloppons de mystère ou que nous sommes, nous socialistes, incertains et divisés ! Notre pensée commune est claire, et la situation politique est plus simple, en somme, que ne le voudraient ceux qui ont intérêt à la compliquer.

Si le gouvernement apporte un programme net et fort, il aura avec lui une majorité de gauche irrésistible. S'il biaise, s'il équivoque, s'il ne sait pas ce qu'il veut ou s'il n'ose pas le dire, il sera pris entre deux feux, ou plutôt entre deux blocs de glace ; et la Chambre sera livrée au chaos et à toutes les intrigues de réaction équivoques.

Le bruit a couru hier que le ministère voulait remettre sa démission. Pourquoi donc ? M. Doumergue douterait-il de la bonne volonté réformatrice de la nouvelle Chambre ? Il n'en a pas le droit ; et ce serait faire injure à toute la démocratie républicaine, qui a fait un magnifique effort. Craint-il, s'il apporte un programme d'action vigoureux et net, d'être abandonné par quelques-uns de ses ministres ? Ceux-là tomberaient aussitôt dans le néant ; et leur retraite, bien loin d'affaiblir le président du Conseil, le fortifierait, car elle serait, aux yeux de la Chambre et du pays, le signe de son énergique et sincère vouloir...

Encore une fois, une seule question est posée à cette heure : le radicalisme démocratique aura-t-il le courage d'être fidèle à lui-même ?

(1) « Interview de M. Émile Combes », Le Radical, 20 mai 1914. Les radicaux et radicaux-socialistes sont stables en termes de sièges à la Chambre, ce qui représente un bon résultat pour eux, après des années difficiles et alors qu'ils avaient atteint de hauts niveaux en 1906 et 1910.

L'Humanité du 13 juin 1914

Une journée historique [1]

La journée d'hier aura dans le monde entier un magnifique retentissement français et républicain. La volonté populaire a eu raison de toutes les forces combinées de réaction, de ruse et de violence. Certes, les incidents de la séance ont contribué à l'écrasement du ministère Ribot [2]. M. Ribot lui-même a été faible ; et comment ne l'eût-il pas été ? Il a fait un grand effort de courage, et nous ne prononcerons aucune parole qui puisse ajouter pour lui à l'amertume de la défaite. Malgré la fatigue de l'âge, il n'aurait pas tardé à développer ses belles ressources d'intelligence et d'émotion s'il ne s'était pas heurté à une hostilité formidable et tranquille. Il sentait lui-même, à coup sûr, ce qu'avaient de contradictoire sa longue fidélité au régime parlementaire et l'incorrection de l'entreprise où il s'était engagé par méconnaissance de l'esprit de la Chambre et du sentiment du pays.

Sembat, au contraire, ne fut jamais plus merveilleux de verve, d'esprit incisif, éblouissant et perçant, de sens politique et d'habileté. Son discours est vraiment un chef-d'œuvre, et notre joie éclatait, avec une particulière allégresse, par-dessus la joie générale de tous les républicains.

Mais la force même des choses dominait tout et emportait tout. Dans cette Chambre toute neuve et qui sortait à peine du suffrage universel, la volonté républicaine et socialiste du pays s'étonnait et s'indignait des obstacles, des artifices de réaction qui s'opposaient à la volonté nationale. En vain M. Ribot alléguait son âge et l'autorité de ses services. En vain il invoquait « les grands noms républicains » de M. Léon Bourgeois et de M. Delcassé. En vain on sentait derrière lui l'intrigue de l'Élysée, les velléités de dictature sournoise et insolente de M. Poincaré. Les gauches ne se laissaient point intimider ou duper. Et c'est inutilement aussi que M. Ribot, en un langage inouï, invoquait le spectre de la faillite. C'est inutilement qu'il faisait sonner la nécessité diplomatique des trois ans. Tout le parti républicain, résolu, ironique, implacable, se dressait et il disait à tous, aux Poincaré, aux Joffre, aux Paléologue [3], à tous les artificiers de pouvoir personnel, à tous les artisans de panique, à tous les oligarques d'académie et d'antichambre : « La France républicaine a parlé. Il faut que sa voix soit entendue. »

Par cette chute sans précédent d'un ministère renversé le jour même où il se présente devant la Chambre, par le vote à une majorité énorme d'un ordre du jour qui rappelle toutes les puissances officielles au respect du suffrage universel, tous les peuples apprendront que l'esprit républicain se réveille en France, que la République n'y est pas un vain mot et que le peuple républicain et socialiste est capable de faire prévaloir sa volonté de justice sociale et de paix internationale.

Honte aux misérables qui affecteront de voir là un abaissement de la France ! Ce sera sa gloire, au contraire, et sa force. C'est par là qu'elle ira au cœur des nations. C'est par là qu'elle apparaîtra aux peuples comme l'ouvrière efficace du droit humain et de la réconciliation humaine.

Et maintenant, que fera l'Élysée ? Comprendra-t-il la leçon ? Ou M. Poincaré voudra-t-il être un président rageur et têtu, et s'acculer lui-même au terrible dilemme : se soumettre ou se démettre ? Voudra-t-il être une sorte de Mac-Mahon de la chicane et de la procédure ? [4] L'autre avait les victoires de Magenta et de Sébastopol ; il avait des défaites tragiques et d'une obstination glorieuse. M. Poincaré n'a que la piètre victoire de Versailles et la triste défaite du palais Bourbon. Il ne peut pas même maintenant entrer en lutte contre la République et contre la France.

Il faut donc qu'il appelle sans délai des hommes résolus à appliquer avec une majorité de gauche un programme de gauche, à mettre en œuvre, sans réticences, sans peur, tout le programme fiscal et militaire tracé à Pau par le radicalisme de gauche. À l'exécution de ce programme, les socialistes donneront tout leur concours. Contre une politique de défaillance et d'ambiguïté, ils se dresseront avec la même vigueur, avec le même élan que contre la formule décevante qui a perdu le ministère Viviani [5], et contre la combinaison puérilement rétrograde du ministère Ribot-Bourgeois-Delcassé.

Si le président de la République sait se conformer à la volonté nationale, et si le Parti radical organisé sait rester fidèle à l'esprit d'union, d'organisation et de vigueur qui a fait depuis quelques jours son honneur et sa force, s'il sait donner à la victoire populaire tout son sens, le ministère nouveau sera formé en quarante-huit heures, et il résoudra d'un grand effort loyal toutes les difficultés que la sottise et l'impudence réactionnaires ont accumulées sur la France.

L'Europe monarchique et aristocratique, qui a été si grossièrement trompée sur la France d'aujourd'hui, apprendra avec stupeur que nous sommes vraiment une démocratie républicaine, capable d'assurer la défense nationale selon des formules d'une efficacité incomparable, capable de réaliser la volonté du peuple ouvrier et paysan contre tous les obstacles, toutes les manœuvres et tous les mensonges. Elle apprendra que ni M. Poincaré, ni M. Delcassé, ni les réacteurs d'état-major ne sont la France réelle, la France vivante. Elle saura que l'action du peuple, du prolétariat ouvrier et paysan n'est pas négligeable dans la République française.

La journée d'hier est une grande date de l'Histoire de la France. J'ose dire, avec le patriotisme profond qui est le nôtre, que c'est une grande date de l'Histoire de l'Europe.

(1) En surtitre de l'article de Jaurès : « Renversé le premier jour ! Se soumettre ou se démettre. Le cabinet Ribot est mis en échec par 306 voix contre 262 ».

(2) Alors que les élections législatives ont été plutôt marquées par une poussée à gauche, le président de la République Raymond Poincaré vient de tenter, de manière un peu provocatrice, de solliciter le républicain modéré Alexandre Ribot, par ailleurs déjà âgé (il est né en 1842), pour former un gouvernement. Il ne tient que quelques heures...

(3) Joseph Joffre (1852-1931), chef d'état-major général de l'Armée depuis 1911, à ce titre très impliqué dans la loi des trois ans et les préparatifs d'un éventuel conflit ; Maurice Paléologue (1859-1944), diplomate, ambassadeur de France en Russie depuis février 1914.

(4) Allusion à la tentative en mai 1877 de coup de force de Mac Mahon (1808-1893), alors président de la République, pour mettre au pas la Chambre des députés et lui imposer un gouvernement conservateur : « le coup du 16 mai ». La victoire des républicains, quelques mois plus tard, le force à se soumettre, puis à se démettre en 1879.

(5) René Viviani (1863-1925), ancien socialiste, d'abord très proche de Jaurès. Il s'en éloigne lorsqu'il accède à des responsabilités ministérielles. Actant son éloignement de la SFIO et de Jaurès, il a par la suite cofondé un autre parti, le Parti républicain socialiste.

L'Humanité du 22 juillet 1914

La vraie bataille

La campagne personnelle de M. Calmette contre M. Caillaux a eu des conséquences tragiques, et pour M. Calmette lui-même et pour d'autres. Mais à quoi a-t-elle servi ? À quoi pouvait-elle servir ? M. Calmette affirmait que c'est seulement dans un intérêt national qu'il poursuivait M. Caillaux de ses accusations passionnées, souvent étourdies, toujours implacables. Mais même s'il avait réussi à frapper et à perdre M. Caillaux, aurait-il arrêté par là tout le mouvement social qu'il dénonçait ? L'immense force des événements ne tient pas aujourd'hui dans un homme, et la calomnie est vaine comme une goutte de poison jetée dans un torrent.

C'est, disait-il, pour préserver la France de l'impôt sur le revenu que M. Calmette concentrait sur M. Caillaux des polémiques exaspérées. L'impôt sur le revenu est voté, et le drame qui se développe au palais de justice ne touchera pas à l'irrévocable sentence qui a été rendue l'autre jour au palais Bourbon et au Luxembourg. Tout le venin qui a coulé, tout le sang qui a coulé, toutes les larmes qui ont coulé ne changeront rien à l'ordre invincible des choses. Les mêmes réacteurs qui tentaient, à force d'outrages et de haine, d'échapper à la réforme fiscale l'avaient rendue eux-mêmes inévitable par la folie de leur politique. S'imaginaient-ils donc que leurs invectives suffiraient à combler le déficit d'un milliard ?

De même, il était insensé d'imaginer qu'en accablant un homme on modifierait les termes du formidable problème européen. Ou toutes les nations de l'Europe trouveront le moyen de ménager une détente, de refouler les dépenses épuisantes et les paniques affolantes, ou elles pencheront de plus en plus sur l'abîme.

Ce qu'il y a peut-être de plus tragique dans les événements qui retentissent maintenant en cour d'assises, c'est l'inutilité absolue, c'est la vanité presque ridicule des polémiques qui ont été l'origine du drame. Dans l'ensemble, les choses seraient ce qu'elles sont si Calmette avait gardé le silence ; elles seraient ce qu'elles sont s'il vivait encore, et dans la tragédie qu'il a mise en train, il n'y a que de la douleur perdue et du sang gâché.

« De même que les grèves partielles, et plus encore, c'est par le suffrage universel ouvrier que la grève générale, aux heures critiques de l'évolution sociale, aura toute son efficacité. »

Jean Jaurès

Partie III
Socialisme, capitalisme et syndicalisme

Tout le socialisme, 28 avril 1905 / Cela dépend de vous, 6 février 1906 / Esprit révolutionnaire et suffrage universel ouvrier, 23 août 1908 / Grève générale et suffrage universel ouvrier, 9 septembre 1908 / Contradictions, 29 septembre 1908 / Union nécessaire, 7 novembre 1910 / Sa réponse, 17 novembre 1910 / Le problème, 6 mars 1911 / Le premier mai, une lourde faute des manifestations interdites, 28 avril 1911 / Est-il trop tard ? 29 avril 1911 / Socialisme et syndicalisme, 7 décembre 1911 / Alcoolisme et socialisme, 10 février 1912 / La vraie question, 25 février 1912 / L'âpre concurrence, le Titanic, 21 avril 1912 / Vaines polémiques, 25 août 1912 / Pas d'équivoque, 17 septembre 1912 / Ce qu'ils n'ont pas vu, 22 septembre 1912 / À la verrerie ouvrière, 1er octobre 1912 / Éducation vivante, 6 octobre 1912 / Capitalisme, 24 octobre 1912 / Classes moyennes, 25 octobre 1912 / Production et réformes, 27 décembre 1912 / L'idée, 2 janvier 1913 / Le réveil d'une loi, 5 janvier 1913 / L'explication syndicaliste, 3 septembre 1913 / Permanence et évolution, 4 septembre 1913 / La méthode d'action, 5 septembre 1913 / Le syndicalisme contre le sabotage, 11 septembre 1913 / Le sabotage impossible, 18 septembre 1913 / L'origine, 22 septembre 1913 / Alliés imprévus, 22 octobre 1913 / Catastrophe et organisation, 7 novembre 1913 / Gros personnage et petite entrée, 14 novembre 1913 / Évolution capitaliste, 22 novembre 1913 / Redoublons d'efforts, 24 janvier 1914 / D'accord, 28 février 1914 / L'effort nécessaire, 28 juin 1914 /

L'Humanité du 28 avril 1905

Tout le socialisme

M. Bourdeau, dans le *Journal des Débats*, qualifie de « socialisme hybride » l'organisation socialiste qui vient d'être constituée par le Congrès d'unité. D'une part, explique-t-il, le socialisme, recourant à l'action électorale et parlementaire, est obligé de faire appel à toute la démocratie et d'utiliser pour l'oeuvre immédiate de réforme, toutes les combinaisons de forces ; d'autre part, il est tenu, par la croissance même et par l'organisation économique du prolétariat, d'exercer une action de classe concentrée. Mais pourquoi M. Bourdeau voit-il là un caractère ambigu et hybride ? Ce qu'il dénonce comme une équivoque est la loi même d'un organisme supérieur qui va compliquant à mesure même qu'il se développe et qu'il se perfectionne.

De plus en plus, le Parti socialiste devient un parti de classe ; d'abord parce que l'extension de l'industrie, et de la grande industrie, élargit le prolétariat ouvrier dont la conception nettement communiste s'oppose à tout le système de propriété capitaliste individuelle ; en second lieu, parce les ouvriers, par la coopérative prolétarienne, le syndicat, la Bourse du Travail, la Confédération du travail, développent leur organisation économique, et que cette organisation, où l'élément ouvrier est exclusif de tout autre, réagit naturellement sur l'action politique socialiste et la marque d'un caractère toujours plus net.

Mais le Parti socialiste, en même temps qu'il devient toujours plus clairement et plus fortement un parti de classe, est mis nécessairement en contact, par sa croissance même, avec le milieu démocratique agité, compliqué et mouvant. Entre lui et la démocratie, deux ordres de rapports s'établissent et s'étendent. Le prolétariat, devenu une force politique, utilise et défend les moyens d'action que la démocratie lui offre, les libertés, d'abord incomplètes, qui favorisent son effort social. Et en second lieu, quand le prolétariat, par son action propre, a revendiqué fortement une réforme, quand il a conduit cette réforme à être ressentie comme un besoin organique profond par toute la classe ouvrière, la non-satisfaction de ce besoin devient une souffrance et un malaise, non seulement pour le prolétariat lui-même, mais pour la démocratie presque tout entière. Le jour viendra par exemple, où la réduction légale de la journée de travail à huit heures, apparaitra comme une nécessité vitale, non seulement pour les prolétaires, mais pour l'ensemble de la nation. Ce jour-là, la réforme sera accomplie par un ensemble de forces démocratiques, dont le prolétariat organisé sera le moteur et le centre, mais qui dépasseront ses limites de classe. Voilà comment, dans la vie de l'organisme socialiste, c'est-à-dire de la classe ouvrière constituée à l'état de parti, il y a nécessairement une double force de concentration et d'expansion, un double rythme de contraction et de détente, analogue à la systole et à la diastole du cœur, c'est-à-dire une double politique d'exclusivisme de classe et d'action démocratique, mais celle-ci, dominée toujours par la vigueur interne de la pensée communiste. Politique complexe à coup sûr, politique difficile et vaste qui exige du prolétariat, non pas un sec automatisme de pensée, mais une grande richesse de facultés diverses et harmonieuses : politique une au fond, et qui n'est ni équivoque ni hybride.

Quand le tout récent congrès du Parti ouvrier belge, dont Albert Thomas a résumé hier les travaux, décide tout à la fois, d'accroître la force syndicale, de propager l'idéal collectiviste et de contracter des alliances électorales avec les libéraux bourgeois pour renverser le gouvernement de cléricalisme capitaliste odieux à la pensée libre comme à la classe ouvrière, il institue une action triple et une, complexe et convergente ; une action vraiment organique, dont l'unité profonde se manifeste par des mouvements variés. C'est le même problème d'action, non pas mécanique et abstrait, mais organique et vivant qu'aura à résoudre en France le Parti socialiste unifié. Et son unité même lui permettra comme au Parti ouvrier belge, une action libre et souple, parce que, grâce à cette unité, tous ses mouvements, tous ses actes procèderont d'un centre de vie communiste et prolétarienne, indéfectible et incorruptible, et que la pulsation très nette de cette vie révolutionnaire se fera sentir jusqu'aux extrémités de l'action démocratique.

Ainsi, le prochain congrès du Parti, qui se tiendra sans doute en janvier 1906, aura tout ensemble à régler les conditions de la lutte électorale du mois d'avril prochain, et à déterminer le mode selon lequel l'action politique du socialisme pourra seconder l'action économique de la classe ouvrière organisée pour la conquête de la journée de huit heures. Ce congrès s'appliquera donc à toute l'étendue de l'action socialiste, depuis sa périphérie électorale jusqu'à son centre exclusivement ouvrier. M. Bourdeau comprend bien mal la vie socialiste si la nécessaire complexité organique lui apparaît comme je ne sais quoi d'hybride et d'équivoque.

III

L'Humanité du 6 février 1906

Cela dépend de vous

Les royalistes, antisémites et cléricaux violents ont manqué leur opération. Ils n'ont pas réussi à émouvoir le pays. C'est en vain que *la Libre Parole*, *le Soleil*, *l'Autorité* ont prodigué les outrages et les excitations. Les fusées sanglantes qu'ils lançaient dans l'espace faisaient pâlir au fond du ciel la douce étoile des bergers ; mais elles retombaient presque aussitôt, éteintes et lamentables. Tout ce feu d'artifice de fanatisme machiné n'a trompé personne. Aussi les réacteurs se hâtent-ils de chercher autre chose, et maintenant, ils dressent l'épouvantail du « syndicalisme ».

Ils viennent de découvrir, dans un article de Pouget, que la Confédération du travail se propose de transformer le système social et d'exproprier les capitalistes. La belle découverte en vérité ! Mais le but et l'essence même de tout le socialisme, c'est d'exproprier en effet le capitalisme, pour organiser un régime nouveau où le travail sera souverain. Est-ce que par hasard la forme bourgeoise de la propriété et de la production aurait un privilège d'éternité ? Est-ce que l'histoire aurait fait vœu de s'arrêter, de s'immobiliser à jamais dans la forme capitaliste, et de n'aller point au-delà ? La bourgeoisie a exproprié la féodalité, le clergé, la monarchie. Elle subira à son tour la loi d'évolution éternelle qui suscite, par l'effort des êtres souffrants, des formes plus hautes de vie.

Il se peut que cette évolution révolutionnaire procède par des transitions et des transactions. Il se peut notamment, comme l'ont dit tous les grands socialistes, que l'expropriation du privilège capitaliste s'accomplisse selon des modes qui ménagent les habitudes, et qui épargnent aux privilégiés eux-mêmes la douleur des brusques changements. Mais les travailleurs veulent en finir avec le régime de salariat. Qu'ils accordent plus ou moins d'importance à l'action politique et électorale, ou à l'action syndicale, ils sont d'accord pour propager, pour instituer un ordre nouveau d'où seront bannis la parasitisme, l'inégalité, l'exploitation de l'homme par l'homme. S'imagine-t-on arrêter ce mouvement irrésistible en semant la panique ?

Tout homme sensé est obligé de reconnaître aujourd'hui qu'une transformation profonde est inévitable. Ce ne sont pas ceux qui la préparent qui sont dangereux. Ce sont ceux qui la nient ou qui tentent de s'y opposer. Nous pouvons mettre nos contradicteurs au défi de proclamer que le mode de production capitaliste est la forme définitive de la société humaine. Eux-mêmes sont gagnés à leur insu par la contagion révolutionnaire. L'idée nouvelle s'est insinuée dans leur esprit, et ils lui rendent témoignage au moment même où ils croient se révolter contre elle.

Les réacteurs insistent cependant : c'est chose terrible, disent-ils, de constater que la Confédération du travail met son espoir en la grève générale. Elle annonce que les syndicats ouvriers prendront possession des usines, que les travailleurs se libèreront et s'organiseront eux-mêmes sans attendre le consentement des pouvoirs publics, sans recevoir le mot d'ordre d'une Révolution politique et autoritaire.

Est-ce vraiment sous cette forme, est-ce par le seul recours à la grève générale que s'accomplira la Révolution de propriété ? C'est, à mon sens, une conception trop simple. Le syndicalisme a beau compter sur l'action spontanée et autonome des groupements ouvriers. Pour qu'un syndicat ouvrier puisse vraiment prendre possession d'une usine, une Révolution totale est nécessaire ; car, s'il n'y avait qu'un soulèvement partiel, ce syndicat révolutionnaire serait balayé par la force armée de l'État capitaliste. Ou même, isolé de la vie générale, ne pouvant ni s'approvisionner en matières premières, ni échanger ses produits, ni propager le type social sur lequel il serait construit, il s'étiolerait vite comme une branche où ne passe plus la sève.

Mais, si une transformation totale de la société est nécessaire pour qu'un seul syndicat puisse prendre révolutionnairement possession d'une seule usine, qui ne voit que l'œuvre de Révolution sera infiniment plus complexe que ne le prévoit la formule exclusive de la Confédération du travail ? La grève générale y pourra servir ; elle n'y suffira pas. Dans l'œuvre de transformation, prodigieusement compliquée, qui s'offre maintenant à l'effort humain, aucune fatalité brute ne s'impose à la société. Il dépendra de la sagesse ou de l'inexpérience des prolétaires, de la clairvoyance ou de l'aveuglement des privilégiés de donner à l'inévitable Révolution des formes violentes ou, au contraire, des formes pacifiques. Il n'est plus au pouvoir d'un seul homme de prévenir la grande transformation ; mais les hommes peuvent la marquer de barbarie et de déraison ou de sagesse et d'humanité.

Les conservateurs qui tentent d'affoler le suffrage universel et de le détourner du problème social sont les pires agents de violence. La Révolution sociale sera, pour une large part, ce que la feront les privilégiés eux-mêmes. Le prolétariat déploiera, avec une audace croissante, sa force d'organisation et de revendication. C'est à la démocratie tout entière de garder le calme et la lucidité de l'esprit et de préparer l'ordre nouveau où les énergies prolétariennes trouveront leur équilibre.

L'Humanité du 23 août 1908

Esprit révolutionnaire et suffrage universel

Quelques militants me diront sans doute : mais ne craignez-vous pas que le Syndicat, en consultant ainsi à propos de la grève, la masse ouvrière, ne perde lui-même sa force d'élan, sa vigueur de combat ? Ce sont les inconscients, les ignorants, les timides qui feront la loi. Une minorité vigoureuse donnant à ses risques et périls le signal de l'action les entraînerait, peut-être. Tout ce bois vert accumulé, au lieu de nourrir la flamme, l'étouffera. Et l'esprit révolutionnaire, l'esprit de hardiesse et d'enthousiasme s'éteindra dans le peuple ouvrier.

Je pourrais répondre, encore une fois, qu'en fait c'est dans ce sens que se précise le mouvement ouvrier et qu'évolue spontanément l'action syndicale. Le citoyen Latapie me reprochait amicalement, l'autre jour, dans son article sur la grève des ouvriers en coffres-forts, d'avoir attribué aux seuls ouvriers mineurs la pratique du référendum en vue des grèves : et il me citait précisément ces ouvriers en coffres-forts qui ont décidé la grève par un vote, par l'appel au suffrage universel ouvrier. Mais je sais bien que c'est tous les jours davantage la pratique du prolétariat.

J'avais cité, moi-même, avec l'exemple des mineurs, celui des typographes, celui des ouvriers boulangers, et il suffit d'ouvrir la *Vie sociale*, exposée tous les jours dans ce journal, pour constater qu'en effet la plupart des corporations ne se lancent maintenant dans la bataille de la grève qu'après s'être assurées de l'assentiment explicite de l'ensemble des ouvriers intéressés dans le conflit. Ou du moins c'est la règle qui s'établit peu à peu dans les corporations les plus fortement organisées. Quand l'organisation syndicale est puissante, quand le Syndicat compte assez de membres pour être sûr de pouvoir agir sur toute la masse ouvrière, il ne craint pas de faire appel à elle, de la mettre tout entière en œuvre, d'engager dans le conflit la responsabilité de tous.

Je ne demande pas que cela devienne une règle mécanique. Je ne demande pas que dans les corporations encore disséminées, inorganiques, la minorité prévoyante et agissante abdique en tout cas toute initiative d'action. Mais, il importe que même celles-là se proposent d'arriver le plus rapidement possible à un degré d'organisation qui leur permette de mettre en action, par le suffrage universel ouvrier, toutes les énergies, toutes les intelligences, toutes les volontés. Et si quelques-uns voient là une diminution de l'esprit révolutionnaire, c'est qu'ils se font de cet esprit une idée fausse et funeste, c'est qu'ils le confondent avec l'absence d'organisation.

L'esprit de révolution ne consiste pas à jeter en avant, dans des batailles désespérées, une minorité héroïque et infime bientôt épuisée par son héroïsme même. Il ne consiste pas à ignorer comme définitivement réfractaire à toute propagande la masse prolétarienne et à lancer dans l'espace des fusées éblouissantes et ardentes qui retombent éteintes et inutiles sur la terre glacée. Il consiste à se passionner pour la libération intégrale du prolétariat, à ne jamais s'arrêter dans l'effort et dans la lutte tant que la révolution totale de la propriété n'est pas accomplie, à coordonner, à subordonner tous les efforts partiels et successifs à cette libération complète ; mais aussi à croire l'ensemble du prolétariat capable de cette grande idée et à avoir confiance en lui.

Le suffrage universel ouvrier, c'est la confiance de la classe ouvrière en elle-même. Il ne s'agit pas en ce moment des rapports du syndicalisme et de la classe ouvrière avec la démocratie. Les théoriciens du Mouvement socialiste opposent absolument la classe ouvrière en action à la démocratie. A mon sens, ils ne voient qu'une partie des choses et qu'un aspect du problème. Il y faudra y revenir : c'est une partie essentielle du grand débat qui s'instituera au Congrès de Toulouse sur la méthode générale du Parti et certes Lagardelle et ses amis nous rendront un grand service s'ils apportent au Congrès leur thèse intégrale dont ils n'ont pu donner, à Nancy, qu'un exposé fragmentaire et pour ainsi dire circonstanciel. Cela nous aidera les uns et les autres à bien marquer les points de vue.

Mais en ce moment, il n'est pas question de cette démocratie confuse qui enveloppe dans l'unité abstraite du droit politique les catégories sociales les plus diverses, parfois les plus antagoniques, et qui semble vouer le prolétariat, s'il veut agir sur elle, à des transactions incertaines et à des combinaisons équivoques. C'est une grande question à discuter : mais je ne parle ici que de la démocratie proprement ouvrière ; je ne parle que du suffrage universel ouvrier. Ce sont des prolétaires seulement qui seront consultés par des prolétaires sur des questions intéressant la vie même du prolétariat, et touchant à toutes les fibres de l'organisme, à toutes les racines de l'arbre. Et je dis que l'heure est venue pour les syndicats d'être les organes vivants de cette démocratie ouvrière, de l'appeler tout entière à la responsabilité, à la pensée, à la conscience par l'exercice du suffrage universel ouvrier dans des questions vitales, notamment dans la question de la grève.

Oh ! je ne prétends pas que la décision de la majorité sera d'abord et nécessairement la plus sage. Même sur les intérêts ouvriers les majorités ouvrières peuvent se tromper souvent : et je ne demande pas aux minorités les plus prévoyantes et les plus hardies d'humilier leur pensée devant la routine de la masse, même prolétarienne. Mais il ne faut pas qu'elles désespèrent de la raison du prolétariat. Il faut qu'elles croient fermement à la possibilité d'éveiller à la lumière tous les salariés. S'obliger à faire appel, pour des décisions graves comme celle de la grève au suffrage universel ouvrier, c'est s'obliger par là même à un redoublement de propagande ; c'est s'obliger aussi à multiplier les forces d'attraction qui amèneront les indifférents au syndicat, puissance d'éducation et d'action.

L'Humanité a publié récemment un fragment d'un carnet inédit de Proudhon où celui-ci est terrible pour la plèbe, pour la masse ignorante et servile, envieuse et adulatrice, qui acclame la force, adore et jalouse le succès, piétine le droit vaincu. Et Proudhon notait la douloureuse, l'effroyable contradiction où se débat le socialisme obligé de se servir pour libérer la plèbe, de cette plèbe même trop souvent encore indigne et incapable de liberté. Poignante parole du révolutionnaire souvent vaincu et qui a été meurtri dans sa conscience, dans son idée, par ceux mêmes qu'il voulait affranchir, esclaves complaisants à leur propre servitude et insultant du bruit triomphal de leurs chaînes le droit nouveau qui vient les briser.

Plus pressant, plus poignant encore est le problème pour le syndicalisme, puisque là ce sont des ouvriers qui se heurtent, dans leur effort d'émancipation à la résistance, à la raillerie ou, qui pis est, à l'indifférence morne de leurs camarades d'atelier.

Et on comprend qu'ils soient tentés, en un accès de révolte et de désespoir de s'écrier qu'il n'y a d'action possible que par la minorité. On comprend que, désespérant de marteler sur l'enclume toute la masse de métal, ils se résignent à ne forger que la pointe du glaive et à livrer avec cette arme dérisoire de furieux combats. Mais c'est un pessimisme funeste et qui atteste dans le courage plus d'exaltation que de fermeté et de persévérance, dans l'esprit révolutionnaire plus de bouillonnement que d'ampleur et de force.

Le même Proudhon qui a flagellé si cruellement la plèbe et qui paraissait, en ses notes si âpres, confondre dans la plèbe le prolétariat moderne, a démontré précisément dans les plus fortes pages des *Confessions d'un révolutionnaire* et de la *Capacité politique des classes ouvrières* que le prolétariat moderne a cessé d'être une plèbe. Et ceux qui ramèneraient l'esprit révolutionnaire à n'être que l'action d'une minorité, ceux qui désespéreraient de la majorité ouvrière, du suffrage universel ouvrier, ceux-là persisteraient à traiter le prolétariat comme une plèbe, même quand il a dépassé ou qu'il peut dépasser ce niveau.

III

L'Humanité du 9 septembre 1908

Grève générale et suffrage universel ouvrier

Je persiste à penser, malgré les objections qui me sont faites et qui me paraissent bien vaines, que le référendum, l'appel au suffrage universel ouvrier, est la condition d'une action très forte des syndicats. Ce n'est pas en s'isolant que la minorité syndicale prouvera sa force et développera son action, mais en mettant en œuvre toutes les énergies ouvrières, en assurant l'unité du mouvement par la consultation préalable de toutes les forces, par l'éveil de toutes les responsabilités.

De même que les grèves partielles, et plus encore, c'est par le suffrage universel ouvrier que la grève générale, aux heures critiques de l'évolution sociale, aura toute son efficacité.

D'abord, c'est la condition même du succès réel du mouvement. Plus le champ sur lequel il doit se produire est vaste, plus il risque d'avorter par l'incertitude où sont les ouvriers du sentiment vrai de leurs camarades. Ils hésitent à se risquer, ne sachant pas si les autres, au loin, marcheront. C'est par là surtout que s'explique le formidable échec de la grève générale essayée il y a quelques années par le syndicat des chemins de fer. Le syndicat était puissant. Il croyait avoir pris toutes ses mesures. Il espérait être suivi par les sections. Personne ne bougea. Pourquoi ? Parce qu'à la minute critique, quand il s'agit pour les travailleurs de jouer leur pain, leur vie, la vie de leur famille, chacun d'eux se demande avec angoisse si les autres se décideront ; une effroyable sensation d'isolement pèse alors sur chacun des ouvriers.

La certitude d'une action collective ne peut leur être donnée que par une délibération sérieuse et publique, aboutissant à un vote. C'est ainsi qu'ont procédé en Angleterre les ouvriers et employés des chemins de fer, il y a deux ans. Le syndicat proposa la grève générale au suffrage universel des ouvriers, et une majorité imposante se prononça pour la grève, après discussions dans les meetings et dans la presse, et au scrutin secret. Devant cette menace sérieuse, devant cette ferme résolution, les Compagnies entrèrent en composition. On a beaucoup discuté en Angleterre, dans le monde ouvrier, pour savoir si le syndicat a tiré un suffisant parti de cette démonstration de force, et s'il n'eût pas mieux valu pour lui déclarer en effet la grève générale qu'accepter les combinaisons compliquées proposées par le ministre anglais Lloyd. C'est un débat où je n'ai pas à entrer en ce moment. Mais une chose est certaine ; c'est qu'après le vote des ouvriers, personne, en Angleterre, ne douta un instant que la grève générale, si elle avait été déclarée, aurait été effective. Les ouvriers des chemins de fer en avalent l'assurance ; et cette assurance même rendait la grève générale possible. Ils n'étaient pas réduits à se demander anxieusement : que se passera-t-il au-delà de l'horizon immédiat que mesure notre regard ? Ils se sentaient portés par une grande force de solidarité certaine.

Le vote délibéré, réfléchi, de tous les travailleurs intéressés dans le conflit, constitue déjà un effet de masse. Il constitue aussi pour tous les ouvriers un engagement d'honneur. Et comment sans cela ne redouteraient-ils point, avant de se jeter dans un combat qui peut soudain se creuser comme un gouffre, les hésitations, les défections, les ajournements de groupes lointains, dont la volonté n'aurait pas été interrogée et manifestée ? Et quand il s'agira de la grève générale d'un grand nombre de corporations diverses, quand il faudra faire de la grève vraiment générale non plus un mot stérilement agité, mais une réalité d'action, quand il faudra par exemple associer à un même mouvement de protestation ou de revendication, par le refus collectif et simultané de travail, les salariés des chemins de fer, des mines, du textile, de la métallurgie, de la verrerie, des services publics, de la typographie, des transports urbains, de l'éclairage, de la grande propriété foncière, s'imagine-t-on vraiment que pour mobiliser une masse aussi énorme et aussi diverse, il suffira d'un mot d'ordre donné de haut par quelques syndicats ou même par la Confédération générale du travail en qui les syndicats seront groupés ?

Le doute paralysant croîtra en chaque individu en proportion même de la masse à émouvoir. Non seulement dans chaque corporation chaque salarié se demandera si ses camarades inconnus, dispersés sur toute la surface du pays, obéiront au signal donné, mais chaque corporation se demandera si les autres corporations marcheront. Ce sera un flottement mortel ; et bientôt, entre ceux qui se seront risqués tout seuls ou par petits groupes et ceux qui se seront abstenus, les récriminations, les âpres défiances ; ce sera, pour la plus grande joie de la bourgeoisie ironique, la guerre intestine dans le prolétariat, l'effort ambitieux des salariés retombant sur eux et les écrasant, comme une masse maladroitement soulevée par des bras incohérents et débiles.

Il n'y a qu'un moyen de mettre dans ce mouvement si ample d'éléments si multiples, la clarté, la confiance, la certitude, c'est d'appeler le suffrage universel ouvrier, dans toutes les corporations où il y a un commencement sérieux d'organisation, à se prononcer sur la grève générale. J'admire ceux qui disent qu'il y aurait là une abdication pour lui : au contraire ! Ce sont les syndicats qui poseront les problèmes ; ce sont eux qui dégageront des plaintes, des griefs, des revendications confuses de la masse ouvrière, les questions précises qui deviendront le programme de la grève générale, questions assez diversifiées pour émouvoir directement, en quelques points précis, chacune des corporations, assez vastes pour les animer et les passionner toutes d'une ardeur commune, d'une même et grandiose espérance. Ce sont les militants du syndicalisme qui dirigeront et coordonneront la propagande. Et jamais ils ne trouveront le peuple ouvrier plus disposé à écouter, à réfléchir, à penser, puisqu'au bout de toutes ces libres controverses il y aura un vote, c'est-à-dire un acte qui pourra être le prélude de toute une série d'actes émouvants. Ce sera pour eux aussi le moyen de connaître à fond le prolétariat, d'éclairer à ses diverses profondeurs cet océan obscur et dormant. Ils sauront quelles sont les zones d'indifférence, les courants d'action. Ils sauront quels sont les problèmes qui réussissent à émouvoir la masse, où doit se porter l'effort d'éducation et de propagande. Si la majorité des salariés, dans l'ensemble des corporations, s'est prononcée pour la grève, si au contraire, dans telle ou telle des corporations la majorité s'est prononcée contre, c'est auprès de celle-ci qu'ils agiront, forts de la résolution authentique et manifestée de la majorité des prolétaires.

Dira-t-on que ces mouvements de masse seront nécessairement rares ? Sans doute ! Mais c'est la condition absolue de leur efficacité. Ce n'est pas impunément qu'on épuiserait la classe ouvrière par des tentatives étourdiment répétées. La grève générale elle-même, dégénérant peu à peu en une série d'escarmouches qui n'en auraient que le nom, perdrait tout prestige, et toute vertu. L'essentiel n'est pas que la grève générale se produise fréquemment : c'est une impossibilité, c'est une contradiction. L'essentiel est que quand elle se produit, aux moments décisifs de l'évolution et de la bataille sociale, pour des motifs graves et des objets de première importance, elle se produise en effet avec le maximum d'efficacité. Une grève général sérieuse, conduite vraiment par l'ensemble du prolétariat, le couvrirait pour de longues années contre toute tentative systématique de réaction sociale, contre toute atteinte et toute menace à ses libertés syndicales, aux lois de protection ouvrière déjà conquises. Elle obligerait la démocratie, pour de longues années, à appliquer plus loyalement les lois de protection ouvrière, à hâter le travail de législation sociale et de graduelle émancipation du prolétariat. Ce sont de mauvaises montres, celles qu'il faut remonter sans cesse. Ce seraient de mauvaises grèves générales, celles qu'il faudrait recommencer à chaque minute. Elles doivent être un ébranlement énorme, capable de se propager au loin, comme les ondulations de l'eau sous la chute d'un énorme bloc. Il est plus facile, à coup sûr, de jeter au vent des poignées de sable.

Dira-t-on que, par cette préparation nécessairement lente, et par cette consultation publique du suffrage universel ouvrier, le prolétariat donnera au pouvoir et à la bourgeoisie tout le loisir d'organiser la résistance ou l'attaque ? Mais il ne faut pas être dupe des mots. En fait, le pouvoir est toujours préparé au maximum. Il est servi par une centralisation administrative formidable, par une concentration militaire permanente. Et la bourgeoisie sera tous les jours mieux organisée. Elle se syndique, elle se fédère, elle s'essaie aux lock-out. S'imaginer qu'elle sera surprise à l'état de sommeil par une grève vraiment générale serait une puérilité. Quelle que soudaine que puisse être une grève vraiment générale, et quand elle serait décrétée par un Comité central dictatorial auquel la classe ouvrière aurait laissé toute initiative, elle ne peut éclater comme un coup de foudre. Il y faudra toujours des délibérations, une préparation. Elle ne jaillira pas comme d'une nuée diffuse subitement concentrée, et sous prétexte de surprendre le patronat et l'État qui seront en réalité préparés, c'est la classe ouvrière qui se retirera à elle-même la profonde et vaste préparation qui est la condition absolue de la victoire ; c'est elle qui se retirera la puissance prodigieuse de l'effet de masse produit par la grève générale, libre et éclatante décision du suffrage universel ouvrier.

L'Humanité du 29 septembre 1908

Contradictions

Faute d'une idée claire et forte de la politique réformatrice, de la politique d'action, le Parti socialiste se débat à cette heure dans les plus étranges contradictions. Ceux des socialistes qui se préoccupent le plus de refouler le mouvement anarchiste sous sa double forme antiparlementaire et antipatriote sont bien souvent ceux qui, par la négation de la valeur des réformes ou par une sorte de doute méprisant pire que la négation, fournissent à l'antiparlementarisme et à l'antipatriotisme leurs arguments principaux et leur aliment.

Je suis loin d'approuver pleinement toutes les idées de notre collaborateur et camarade Renard sur le mouvement syndicaliste. Je crois qu'il ramène le syndicalisme à des proportions trop modestes ; et qu'en réduisant à une hypothèse presque chimérique l'idée d'une grève générale qui, sagement ménagée et fortement préparée par des organisations vraiment puissantes, pourrait peser, à certaines heures critiques, sur les pouvoirs publics et le patronat, il risque d'affaiblir le ressort d'enthousiasme du mouvement ouvrier. Mais il est impensable de ne pas admirer sa persévérance, son esprit de suite, la clarté de ses vues, et le souci passionné qu'il a d'accroître par l'organisation les forces prolétariennes avant de les jeter à de téméraires combats.

Oui, il a raison de travailler à un large recrutement syndical. Il a raison d'opposer sans cesse avec douleur, avec colère, au petit nombre des ouvriers syndiqués du textile, l'énorme masse inorganisée de cette corporation si exploitée pourtant et si misérable. Il a raison de dire, de répéter, qu'il faut à tout prix, par tous les moyens, par toutes les œuvres, aller au fond de cette misère et secouer cette indifférence. Il a raison de dire que le syndicat, par un effort multiple, doit faire la preuve de son utilité familière et incessante qu'il doit travailler quotidiennement, d'une manière visible, à l'amélioration immédiate du sort des ouvriers. Il a bien raison d'ajouter que ce n'est pas seulement par la grève, trop souvent nécessaire, mais qui impose aux salariés un surcroit de souffrances et de privations, qu'ils doivent revendiquer ; et qu'ils seraient insensés de ne pas user de toute la puissance politique et parlementaire qu'ils peuvent exercer, pour obtenir des lois de protection.

À propos du dernier Congrès textile, il disait ici même, avec force, que sa corporation n'avait pas le dédain du Parlement et de l'action parlementaire. Il félicitait le Congrès de s'être adressé aux pouvoirs publics pour obtenir des précisions législatives protégeant la salutaire pratique du délai-congé, et assurant l'application exacte de la loi des dix heures.

Oui, mais que vaut cette tactique, et de quel droit engageons-nous les organisations syndicales dans cette voie si toutes les réformes, même les plus grandes d'apparences, sont ou dangereuses ou vaines ou à peu près vaines ; si, tant que durera le système capitaliste, tout effort d'amélioration est un leurre et se retourne contre les travailleurs ?

Comment Renard pourra-t-il détourner les syndicats de la hantise de l'action directe exclusive et brutale, comment pourra-t-il les réconcilier avec une politique de réalisation progressive et avec l'action parlementaire, comment pourra-t-il conquérir à la vie syndicale la masse indifférente par le bienfait des réformes dont le syndicat aura été l'instrument et le porte-parole si ces réformes ne sont que duperie et déception ?

Bracke écrivait l'autre jour ici : le Parti socialiste « est acquis d'avance à toute réforme où le prolétariat trouvera son avantage. Il ne crache pas sur les réformes. Il montre, à propos de chacune d'elles, ce qu'elle a d'insuffisant. Il s'efforce, par ses représentants au Parlement, de les rendre ou plus efficaces ou moins vaines. » Est-ce ainsi, est-ce par une définition aussi restrictive, aussi défiante, aussi paralysante, de la réforme et de l'action réformatrice que Renard croit pouvoir tourner vers le Parlement la force ouvrière ? Les ouvriers savent bien vraiment, sans que nous ayons besoin de le leur dire du haut d'une tribune parlementaire ou d'une estrade de meeting, qu'une seule réforme ne suffit pas à les affranchir. Le vice, le malheur de la masse accablée, ce n'est pas de s'exagérer la puissance et l'efficacité de telle ou telle réforme ; c'est de croire à l'impuissance de réformer, c'est de végéter dans une sorte de désespérance inerte et lasse ; et si, au lieu de soulever ce désespoir pesant et de montrer aux ouvriers ce que vaut pour eux une réforme et comment elle pourra et devra être complétée, corrigée, continuée, élargie par d'autres réformes ; comment elle est à la fois une force et un germe, une réalisation et une préparation ; comment elles les aidera à monter vers l'idéal révolutionnaire ; si, au lieu d'agir et d'exciter à l'action, nous mettons notre principal effort à « ne pas cracher sur les réformes » et à démontrer leur insuffisance, toute action parlementaire n'est que vanité et comédie. Et le prolétariat n'a plus qu'à s'affaisser dans la résignation définitive et dans le conservatisme social ou à s'emporter aux tactiques extrêmes de l'anarchisme violent qui, quand il est sincère, n'est qu'un acte de désespoir.

Renard parle aux syndicats du délai congé, de la journée de dix heures. Et à ses yeux cela vaut que les syndicats s'ébranlent, qu'ils essaient d'agir sur le Parlement. Mais Lafargue écrit ici même que la journée de huit heures est à peu près sans intérêt. Après avoir concédé que le repos hebdomadaire et la journée de huit heures ont « une importance toute relative », il conclut de la façon la plus catégorique qu'en Angleterre et aux États-Unis où ces réformes sont appliquées en tout ou en partie, « elles n'ont apporté aucune atténuation à l'exploitation capitaliste ».

Vous avez bien lu : aucune atténuation. Ainsi quand les ouvriers disposent de l'après-midi du samedi et de toute la journée du dimanche pour goûter les joies du home ou pour jouir de grand air et du soleil, quand, au bout de huit heures, ils échappent à la dure discipline de l'usine, ils sont aussi exploités, aussi esclaves, aussi incapables de travailler à de nouvelles conquêtes et à un plus large affranchissement que si, comme nos ouvriers boulangers, nos employés de moyennes boutiques, nos garçons d'hôtel, ils languissaient sans une minute de liberté, sans un rayon de lumière, sans une éclaircie d'air, de jour et de fête ; ou si, comme des millions et des millions de prolétaires ils portaient douze, quatorze, seize heures par jour, le lourd collier abêtissant.

Il n'y a rien à faire, rien, rien. Il n'y a qu'à attendre, avec une propagande purement théorique, le jour lointain où en accumulant des suffrages les uns sur les autres, nous serons les maîtres de tout et commencerons à notre aise l'universelle transformation. Et ce jour ne viendra jamais : car des suffrages dont on n'emploie pas, à une action constante et utile la force latente, ces suffrages-là s'évanouissent ; ils croulent les uns sur les autres, et la tour des bulletins ne sera jamais assez haute, pour que nous puissions un jour, comme de la plate-forme d'un colossal monument de papier, dominer la société bourgeoise.

Il n'y a donc plus qu'une chose à faire : c'est de saboter cette société maudite, qui est incapable, même sous l'effort du prolétariat organisé, de réformes sérieuses et bienfaisantes ; c'est de la faire sauter comme on pourra, le plus tôt qu'on pourra, par la grève générale la plus furieuse et la plus explosive. Si en essayant de la briser, on se brise, tant pis, il n'y a pas d'issue ; la société est fermée sur les misérables comme une tombe ; et si la voûte scellée qu'ils tentent de soulever par explosion s'affaisse sur eux et les écrase, ce sera encore une délivrance. Ainsi ceux de nos camarades qui se disent, qui se croient les adversaires les plus directs de l'anarchisme, ceux qui veulent préserver le plus jalousement notre Parti de toute infiltration libertaire se font les propagateurs de l'anarchisme et de la révolte libertaire dans le prolétariat.

Notez que le syndicalisme révolutionnaire, dont ils veulent aussi refouler les prétentions excessives, selon eux, et exorbitantes, est beaucoup plus logiquement réformateur qu'ils ne le sont. Ce n'est pas lui qui au moment où il invite les prolétaires à une action déterminée pour une réforme déterminée, les dégoûte de l'action en les dégoûtant de la réforme. Il leur a demandé des efforts difficiles, parfois dangereux, où ils engageaient leur responsabilité individuelle et leur responsabilité collective, pour revendiquer la journée de huit heures ou pour demander l'acheminement sérieux à la journée de huit heures. Il ne leur a pas dit qu'elle ne serait que vanité, qu'elle n'apporterait aucune atténuation à l'exploitation capitaliste. Aujourd'hui même, dans ses rapports en vue du Congrès de Marseille, la Confédération générale du Travail déclare : « La journée de huit heures sera un commencement d'émancipation ouvrière. » En ces seuls mots, toute une théorie nette et profonde de l'action socialiste et prolétarienne est contenue.

Que nos amis socialistes y prennent garde. Ils ne veulent pas que le syndicalisme absorbe et amoindrisse le socialisme. Mais c'est aux forces d'action et d'espérance qu'ira le prolétariat qui a besoin d'action, de résultats immédiats. Et ceux des socialistes qui abaissent ou paralysent l'action réformatrice du Parti, recrutent à la fois pour l'anarchisme brouillon qu'ils dénoncent et pour le syndicalisme exclusif qu'ils redoutent.

Il n'y a qu'un moyen d'échapper à ces contradictions funestes : c'est de définir enfin, c'est de proclamer bien haut une politique vigoureuse d'action réformatrice où chaque réforme, considérée en elle-même et dans son rapport avec les réformes nouvelles qu'elle exige et qu'elle suscite, sera pour le prolétariat organisé et pour le socialisme conscient, un moyen de hâter la libération totale, un moment, un degré, une condition de l'intégrale Révolution toujours présente aux esprits. Mais j'ai à peine effleuré les contradictions infinies où, faute d'une idée de réforme, nous flottons lamentablement.

III

L'Humanité du 7 novembre 1910

Union nécessaire

Je ne crois pas que le moment soit venu de répondre à quelques-unes des assertions de l'article publié hier dans *le Matin* par Griffuelhes. Ce n'est pas l'heure d'instituer à propos des incidents de la grève des cheminots des controverses entre syndicalistes et socialistes. La classe ouvrière a besoin de toutes ses forces pour obtenir la réparation des mesures iniques qui frappent les révoqués, pour défendre les organisations des ouvriers et employés des chemins de fer, pour refouler les lois de réaction que prépare le ministère Briand. Que le prolétariat ne se fasse pas illusion et qu'il voie la réalité en face, sans fanfaronnade comme sans peur. C'est à des forces redoutables et concentrées de réaction sociale qu'il se heurtera et ce ne sera pas trop de toutes ses énergies, unies et confiantes, pour gagner la bataille.

Je me borne donc aujourd'hui à marquer le point sur lequel je suis pleinement d'accord avec Griffuelhes. Il dit que si la grève n'a pas réussi, c'est surtout parce que la préparation en était insuffisante et il ajoute que le succès n'est possible que si l'ensemble des cheminots participe au mouvement.

C'est cette action nécessaire des masses que je ne cesse de rappeler. Minorités audacieuses, oui, mais dont l'office doit être d'éduquer, d'organiser la masse elle-même. Dans la lutte sociale des classes modernes, comme dans la guerre des nations modernes les partis d'avant-garde, les groupes de francs-tireurs et d'éclaireurs, ne peuvent rien, s'il n'y a pas derrière eux une grande armée mobilisée, organisée, encadrée.

J'ajoute que ce que j'ai toujours reproché le plus au sabotage, c'est qu'il est contraire à l'action de masse, à l'action d'ensemble ; c'est qu'il habitue des groupements exaltés à compter, pour déterminer l'arrêt du travail, sur des trucs matériels et non sur la volonté consciente des travailleurs eux-mêmes ; c'est qu'il détourne nécessairement de la propagande méthodique et continue, et que quand on croit trouver le salut à déformer des outils on oublie de former des hommes.

Dans la grève récente des cheminots le sabotage n'a joué en fait aucun rôle. L'immense majorité des travailleurs y était hostile. La plupart des militants le condamnaient. Ceux-là mêmes qui, dans la douloureuse exaltation de consciences révoltées par la brutalité capitaliste ou dans l'excitation des réunions publiques se laissaient aller, bien avant la grève, à quelques paroles de violence, abandonnaient, à mesure qu'approchait la grève, toute pensée de cet ordre. Ils savaient bien, en effet, que le sabotage est puéril s'il se borne à couper quelques fils télégraphiques, et qu'il irrite l'opinion sans l'épouvanter ; ou que, s'il aboutit à des actes sauvages et grandioses de destruction et à des catastrophes où la vie humaine est frappée, il provoque dans toutes les profondeurs de la nation une colère et une indignation qui peuvent tout emporter.

Comme le pouvoir a joué déjà de quelques paroles isolées et de quelques vanteries ! Cela importe peu pour l'instant. Pour tout honnête homme un peu clairvoyant, les mensonges policiers du pouvoir sont percés à jour et il n'est pas d'excuse à ses monstrueuses illégalités. Mais la bataille commence à peine. La réaction va faire rage, et pour faire front à la tempête le prolétariat aura besoin d'autant de méthode que de fermeté et d'union.

III

L'Humanité du 17 novembre 1910

Sa réponse

Au groupe parlementaire des chemins de fer qui lui avait demandé d'intervenir pour mettre immédiatement en rapport les organisations nationales des cheminots et les Compagnies, M. Briand a adressé une réponse qui est un refus à la fois ironique et brutal.

Au fond, la politique du chef du gouvernement se résume en ceci : il militarise les ouvriers en grève. Il fait d'eux ou des soldats ou des réfractaires. Et comme un gouvernement qui se respecte ne peut permettre ni à des soldats ni à des réfractaires de discuter avec qui que ce soit, toute discussion, toute négociation avec les grévistes est impossible. Il n'y a qu'une solution : c'est qu'ils abandonnent leurs droits. Voilà l'abominable jésuitisme qui est au fond de cette tactique. Et il faut toute la platitude, toute la corruption du grand journalisme moderne pour que ces pratiques ne soulèvent pas une réprobation universelle.

Le groupe parlementaire des chemins de fer n'a pas été dupe de la manœuvre ministérielle. Mais nous n'étions que vingt. Et il y a deux cent cinquante adhérents. Quelques-uns sont retenus en province par le devoir même d'assister les ouvriers en lutte. Mais les autres, que font-ils ? Quand donc trouveront-ils une occasion plus pressante d'agir ? Et n'est-ce qu'aux jours de la période électorale qu'ils se souviennent qu'ils font partie du groupe parlementaire des chemins de fer ?

III

L'Humanité du 6 mars 1911

Le problème

Aux premières nouvelles de la bagarre de Cancale, je me demandais avec angoisse : Est-ce que le conflit va prendre là-bas ces proportions tragiques, et aboutir à ces effets sanglants qui émeuvent si profondément la classe ouvrière et qui, la jetant tout entière à la protestation l'empêchent d'examiner de sang-froid un difficile problème politique ?

Par quelle fatalité, vraiment ces collisions sanglantes pèsent-elles périodiquement sur la politique française ? Qu'on ne dise pas que c'est un effet nécessaire, inéluctable, du régime capitaliste. Oui, la lutte des classes qui subsistera tant que la propriété sociale n'aura pas résorbé les classes, doit aboutir parfois, presque nécessairement, à des conflits violents entre le prolétariat et le pouvoir. Mais enfin ils sont beaucoup plus fréquents dans notre pays que dans la plupart des autres, soit par l'effet du tempérament plus vif de la race française, soit par le défaut d'organisation de la classe ouvrière elle-même.

Voilà, je crois, plus de vingt ans qu'il n'y a pas eu en Belgique, malgré de vastes et nombreux conflits économiques, de sang versé dans les grèves. En Allemagne, où le mouvement ouvrier est à la fois, puissant et ordonné, et où les syndicats, conduisant de grandes grèves ou résistant à de vastes lock-out, ont sensiblement élevé depuis une génération la condition et le salaire des ouvriers, il n'y a pas eu, je crois de sang versé dans les grèves ; ou du moins, il n'y a rien de comparable à la lugubre et rouge série qui marque l'histoire des luttes sociales françaises.

Il y a au moins vingt ans, si je ne me trompe, qu'il n'y a pas eu en Angleterre d'échauffourée sanglante. On a pu se demander, il y a quelques mois, si le mouvement violent qui a secoué un district minier du pays de Galles, n'allait pas aboutir à une rencontre tragique entre la force armée et la force ouvrière. Le gouvernement anglais a eu la sagesse d'arrêter à temps les troupes en marche, les organisations des mineurs ont fait un grand effort, malgré l'excitation des esprits, pour dénouer le conflit. Ainsi a été épargnée à la classe ouvrière anglaise et à la démocratie anglaise une grande épreuve. Le Parti du travail a protesté avec véhémence contre quelques-uns des procédés gouvernementaux. Mais enfin, il n'y a pas eu de l'irréparable, et au moment où le prolétariat anglais unissait librement son effort à celui de la démocratie anglaise et du peuple irlandais pour abattre le privilège héréditaire des lords et pour ouvrir de larges voies légales au progrès et à la justice, on n'a pas vu surgir, pour diviser les combattants, les tristes et sanglants fantômes d'ouvriers frappés par le pouvoir.

Ainsi la classe ouvrière anglaise est restée, en une période critique, maîtresse de sa pensée, maîtresse de ses décisions. Elle a pu régler sa marche par la seule raison, par le seul calcul de ses intérêts durables. Elle n'a pas été dominée par l'invincible révolte de la sensibilité meurtrie.

Quand donc, en France aussi, par l'effet combiné d'un esprit plus démocratique et plus prévoyant dans le pouvoir, d'un large progrès de l'organisation ouvrière, de l'extension des libertés légales du prolétariat dont les grèves sont encore traitées bien souvent comme des sortes de délits, et de la reconnaissance effective des groupements syndicaux par un patronat moins racorni, quand donc, par la force accumulée de tous ces progrès, les rencontres sanglantes du prolétariat et de la force armée seront-elles, dans notre pays, réduites au minimum ? C'est une grande faiblesse pour la classe ouvrière française, pour son action politique, portion nécessaire de son action totale, d'être si souvent, dans des crises compliquées et obscures, à la merci de ces hasards sinistres qui peuvent lui enlever soudain le sang-froid nécessaire, contrarier tout son effort, servir contre elle la pire réaction sociale et l'intrigue savante du patronat.

En ce moment même, de difficiles problèmes se posent à nous : ou plutôt, comme nous n'avons, comme nous ne pouvons avoir d'autre objet, dans la mesure de la force politique et parlementaire qu'elle nous a déléguée, que de lui assurer de meilleures conditions d'action et de développement, c'est au prolétariat lui-même que de difficiles problèmes sont posés.

J'ignore quelles seront aujourd'hui les déclarations du gouvernement sur les points qui, en ce moment même, nous importent le plus : la réforme électorale pour la proportionnelle, la réintégration des cheminots. J'ignore surtout si pour ces questions de première urgence, comme d'ailleurs pour d'autres grandes questions posées aussi, les déclarations gouvernementales auront cette netteté qui seule peut donner quelque valeur. Il ne me paraît pas impossible du tout, à en juger par divers symptômes, notamment par le langage embarrassé du Radical, que nous n'ayons à subir une nouvelle tentative d'équivoque. Je voudrais bien qu'il n'en fût pas ainsi et que le parti républicain pût sortir du marais. Mais à cette heure je n'en puis rien savoir. Ceux des journaux qui, commentant sans les connaître les délibérations du groupe socialiste, imaginent que nous avons voulu lire d'avance et à l'aveugle la liberté du groupe et aliéner, même un instant, la moindre parcelle de son indépendance, ne savent pas ce qu'ils disent ou ils se livrent à la plus grossière manœuvre.

Mais enfin, il y a un grand intérêt pour nous à ce que soit votée une réforme électorale qui en élargissant le champ du combat et en donnant la primauté aux idées servira un grand parti comme le nôtre, qui est avant tout fort d'une idée.

Il y a le plus grand intérêt pour la classe ouvrière, pour son organisation régulière, pour son action progressive, à ce que les cheminots révoqués soient réintégrés, et qu'ainsi le Syndicat des chemins de fer puisse retrouver, dans une atmosphère de confiance et de liberté légale, son fonctionnement normal.

Si nous avons quelque chance sérieuse d'obtenir ces deux résultats, et si, pour les assurer, il faut que nous repoussions et l'assaut des pires réacteurs et l'intrigue du briandisme qui cherche à ressusciter par un renouveau de confusion, c'est un devoir que nous remplirons dans la plénitude de notre liberté socialiste, et avec le sentiment de l'intérêt vraiment supérieur de la République.

Il est plaisant, et instructif de voir comment, à la seule idée que la réintégration des cheminots est possible et que les socialistes ne seront pas dupes des manœuvres destinées à l'empêcher, les journaux réactionnaires et modérés s'emportent à d'incroyables fureurs. De groupe à groupe, des progressistes à l'Alliance démocratique, de *L'Éclair* aux *Débats* et du *Temps* à la *Liberté*, tous les réacteurs s'excitent mutuellement, par de grands cris, à livrer l'assaut, comme font les peuplades primitives. Attendons avec calme et surveillons les événements.

III

L'Humanité du 28 avril 1911

le premier mai

Une lourde faute, les manifestations interdites

Un conseiller radical socialiste de Paris, M. Desvaux, demandait hier, dans le *Rappel*, au gouvernement et à la préfecture de police de répondre dans un grand esprit de libéralisme au projet de manifestation légale et pacifique annoncé par les Syndicats de la Seine à l'occasion du Premier Mai. On ne saurait trop louer les travailleurs organisés de Paris d'avoir compris que c'est en disciplinant eux-mêmes leur mouvement qu'ils finiraient par conquérir la nécessaire liberté de manifestation. Ils ne veulent pas déchaîner la panique. Ils ne veulent pas se livrer à d'inutiles menaces. Et ils n'entendent pas se mettre à la merci de quelques étourdis ou de quelques impulsifs.

Ils ont choisi pour se concentrer, de vastes espaces libres où ils peuvent, surtout en un jour de semaine, se réunir, sans troubler réellement la circulation. Ils ne veulent ni gêner ni indisposer le public : et certainement s'il leur apparaissait que sur tel ou tel point un engorgement est à redouter, ils seraient les premiers à modifier en conséquence tel ou tel détail des dispositions annoncées par eux. Ils sont résolus à écarter de leur action tout mélange trouble, toute possibilité d'incident fortuit ou prémédité. Ils le déclarent, et avec une assurance tranquille ils prennent la responsabilité de maintenir aux mêmes si on ne pratique pas contre eux une politique de violence gouvernementale ou d'obstruction policière, ce qu'on est convenu d'appeler l'ordre légal.

Dans ces conditions, pourquoi le ministère ne permettrait-il pas l'essai loyal d'une liberté nouvelle ? La grandiose manifestation Ferrer a pu se produire sans désordre et sans violence ; et je crois qu'on peut dire que le soir le peuple de Paris était fier d'avoir pu traduire avec force et éclat sa pensée de protestation, sans que de misérables bagarres et des actes de destruction puérile et sauvage aient compromis et dénaturé son action. Pourquoi, puisque les syndicats déclarent bien haut, leur volonté pacifique et l'esprit de forte organisation qui réglera leur marche, ne pas se prêter de bonne foi à l'acclimatation de mœurs nouvelles si nécessaires et si bienfaisantes dans une démocratie ?

Tous les partis se sont accordés, il y a quelques semaines à blâmer la manière brutale de M. Lépine contre la manifestation des pères de famille. J'espère qu'ils seront unanimes à demander que la classe ouvrière puisse affirmer sans violence ses revendications. Les suites d'un refus pèseraient lourdement sur ceux qui assumeraient une politique de défiance systématique et provocatrice. Plus l'action régulière du prolétariat peut se produire dans une démocratie plus les chances de conflits aveugles, de violence stériles et irréfléchies sont diminuées. De quel droit refuserait-on aux travailleurs sous la République, le moyen de dire en masse qu'ils trouvent la vie chère et dure, qu'ils exigent plus de bien-être et plus de garanties ?

L'Humanité du 29 avril 1911

Est-il trop tard ?

Je ne puis dire à quel point je déplore la décision gouvernementale contre les manifestations ouvrières du Premier Mai. Jamais risque de conflit ne fut plus redoutable. Jamais conflit ne fut plus facile à éviter. Les organisations syndicales avaient proclamé leur volonté ferme d'éviter et d'empêcher toute violence, de prévenir par des mesures d'ordre tout encombrement. Et l'intérêt des travailleurs est si évident que leurs adversaires mêmes ne pouvaient mettre en doute la sincérité de leur déclaration et la loyauté de leur dessein. Il est important pour eux de conquérir la liberté légale des manifestations ordonnées et pacifiques. Il est important pour eux de ne pas fournir un prétexte à ceux qui tenteraient de se dérober, à l'heure décisive, devant les Compagnies arrogantes et réactionnaires. Donc à aucun moment l'état d'esprit de la classe ouvrière ne se prêtait mieux à l'essai d'une liberté nécessaire trop longtemps ajournée. D'autre part, il est visible, par la lettre de M. Monis au préfet de police, que le chef du gouvernement n'est pas sans inquiétude sur la légitimité de son acte. Il comprend qu'il n'est pas sans péril pour la République de refuser à la classe ouvrière française l'exercice d'un droit pratiqué en bien d'autres pays. Il déclare qu'une loi doit intervenir pour ajouter la liberté de manifestation, sous des conditions déterminées, aux libertés de réunion, de presse et d'association dont, malgré quelques réserves et quelques brutalités du pouvoir, jouissent déjà les citoyens. Mais si le chef du gouvernement reconnaît que la liberté de manifestation doit être accordée aux travailleurs, avec certaines précautions et garanties, pourquoi ne l'accorde-t-il pas tout de suite ? Il n'est pas vrai qu'il faille une loi pour cela. C'est par les mœurs, bien plus que par les lois, que ces questions se résolvent. Il y a déjà de nombreux précédents. Dans bien des villes ouvrières, le Premier Mai est célébré depuis des années par des cortèges que nul ne songera jamais à interdir. A Carmaux, notamment, j'ai pris part bien des fois, le Premier Mai, à des manifestations dans la rue où défilaient sans tumulte et sans obstacle, des milliers d'ouvriers. Toute la question est de savoir si cela est possible dans une grande capitale comme Paris. Or, cela est facile s'il y a, entre le pouvoir républicain et le peuple ouvrier, loyauté réciproque, si on n'a à redouter, ni d'un côté ni de l'autre aucune surprise. Par la netteté de leurs intentions pacifiques, par le choix qu'ils avaient fait de vastes espaces, par le soin qu'ils avaient pris de ménager une dislocation rapide du cortège et une dissémination aisée de la foule sur des voies multiples, les syndicats avaient fait acte de sagesse. Si le gouvernement avait, du point de vue de l'ordre et de la circulation, des objections à faire à telle ou telle disposition, pourquoi ne pas les communiquer simplement, démocratiquement à l'Union des syndicats de la Seine ? Si ces objections étaient sérieuses et sincères, l'Union des syndicats en aurait certainement tenu compte pour rester fidèle, librement, à sa propre pensée, pour ne pas engager sa responsabilité devant l'opinion publique que les militants ont le souci évident et certain de concilier à l'exercice régulier d'une liberté trop disputée. Mais que va-t-il advenir ? L'Union des syndicats, forte de sa volonté pacifique, affirme qu'elle ne renoncera pas à un droit. Si le gouvernement se bute, il barrera par des forces armées, et notamment par des masses de cavalerie, toutes les voies par où les ouvriers pourraient accéder à la place de Concorde et à l'esplanade des Invalides. Et ainsi, tandis qu'on invoque les nécessités de la circulation pour interdire le cortège, on la trouble beaucoup plus que si la manifestation était permise. De même, je veux écarter la sinistre hypothèse d'un choc entre le peuple et les soldats. Mais enfin, à tous les points où le courant de la foule se heurtera aux barrages, il y aura des remous, de l'agitation ; et des mouvements de panique peuvent se propager dans les quartiers voisins. Un cortège au parcours défini aurait été beaucoup moins inquiétant pour l'ordre. Et en tous cas, le pire pour la République, le pire pour les gouvernements républicains, le pire pour l'ordre véritable, le pire pour le prolétariat lui-même, c'est que l'armée et la classe ouvrière soient dressées l'une contre l'autre ; c'est que le spectacle soit donné, sans nécessité, par peur routinière et frivole, d'une sorte de guerre civile, qui même si elle n'aboutit pas à l'effusion du sang, diminue la force morale du pouvoir républicain et la confiance du prolétaraient. Voilà pourquoi je me demande encore si un effort utile ne peut pas être tenté d'ici au Premier Mai pour prévenir des chances mauvaises. La lettre du président du Conseil montre qu'il n'a pas personnellement contre les manifestations ouvrières un parti pris irréductible. Quelles garanties demande donc le pouvoir pour restituer au prolétariat, dès le Premier Mai prochain, une liberté que ne peut lui être retirée sans offense pour lui, et sans humiliation pour la République ?

III

L'Humanité du 7 décembre 1911

Socialisme et Syndicalisme

Thivrier, en demandant hier à la Chambre l'abrogation des lois scélérates, a admirablement défini, avec autant de force que de mesure, la pensée de l'ensemble des socialistes. Tout en conseillant aux travailleurs de se grouper, de s'organiser, afin d'agir avec le maximum d'efficacité et le minimum de violence, il a dénoncé le pharisaïsme de cette bourgeoisie conservatrice ou timorée qui prend prétexte des moindres mots, des moindres gestes de colère du prolétariat souffrant et dépouillé pour ajouter à la violence permanente du système social la violence des répressions policières et de l'arbitraire pseudo-légal. Poulain, un modéré pourtant, mais depuis longtemps mêlé aux luttes ouvrières, et qui vient d'éprouver dans les Ardennes la fureur des classes de privilège et des castes de répression, a démontré l'abus qui était fait des lois de réaction et de panique. Au moment même où il parlait, le syndicaliste Dumoulin, pour quelques paroles ou forcées ou déformées par des policiers, était condamné à deux ans de prison en vertu d'une législation monstrueuse qui retire aux accusés toutes les garanties traditionnelles du droit moderne.

C'est contre cette politique d'arbitraire et de compression, en toutes ses formes, que s'élèvent d'un commun accord syndicalistes et socialistes. C'est une politique d'action vigoureuse que le socialisme recommande. Nous avons cité hier les résolutions de Limoges et de Toulouse, les décisions collectives qui seules engagent le Parti. A Toulouse, la politique d'évolution, d'action progressive a été affirmée avec une grande force, comme une politique d'élan, d'enthousiasme et de combat. Je puis rappeler le commentaire que je donnais, comme rapporteur et avec l'assentiment unanime du Congrès, des décisions de celui-ci : « Non, ce n'est pas un réformisme timide, bourgeois et abâtardi, c'est une action réformatrice incessante, toujours animée par la passion révolutionnaire, par la sublime espérance de l'ordre nouveau, c'est une action permanente d'éducation, d'organisation, de progrès, qui porte en elle toutes les forces de vie et de mouvement de la classe ouvrière. » Est-ce qu'il s'agit là d'un socialisme sans ressort et d'un syndicalisme anémié ?

Quand nos congrès, à Limoges, à Toulouse, ont affirmé l'autonomie du socialisme et du syndicalisme, mais aussi leur progrès naturel et nécessaire vers une action concordante, quand ils ont montré que la force politique et la force syndicale de la classe ouvrière étaient nécessairement unies parce qu'elle tendaient à la même fin, à l'expropriation totale du capitalisme, à la socialisation totale du capital, ils n'ont pas seulement préparé l'harmonie de tous les efforts, ils ont donné à tout l'effort politique, à tout l'effort syndical, le maximum d'intensité et de passion.

Qu'il s'agisse de l'action parlementaire ou de l'action syndicale, la revendication est permanente. Sans cesse sollicitée et portée au plus haut par l'idéal révolutionnaire, la revendication prolétarienne est à chaque minute aussi vigoureuse, aussi hardie que le permet le degré de préparation et d'organisation du prolétariat lui-même. La classe ouvrière tend sans cesse, de toute son énergie, vers un état supérieur. Dans le Parlement, elle ne considère chaque garantie conquise, chaque réforme obtenue que comme le point de départ et le point d'appui de réformes plus vastes et de revendications plus audacieuses. La perspective est illimitée puisque l'action doit avoir la même étendue que le droit et que le droit du travail s'étend à la société tout entière.

Devant le syndicat aussi s'ouvre un vaste horizon. Il a dans l'évolution sociale un rôle profond. Il n'est pas « l'école primaire » du prolétariat. Porté par la Confédération jusqu'à l'unité complète du prolétariat, il est une des forces qui préparent, qui ébauchent la société nouvelle ; il a une valeur organique en même temps qu'une valeur de combat. Il groupe, il éduque, il solidarise. Il est un communisme d'énergie qui annonce au profit du travail le communisme de propriété, et il peut, il doit intervenir dans le contrôle, dans le fonctionnement de toutes les institutions qui commencent à organiser la solidarité sociale.

De même, dans la lutte immédiate, dans la revendication contre le patronat, il est aussi éloigné des funestes somnolences et des timidités paralysantes que des entreprises étourdies et épuisantes. Il sait que la lutte est continue, qu'il peut y avoir des trêves, mais pas de désarmement, que le combat ne prendra fin qu'avec le régime même du salariat ; il sait que la classe ouvrière serait folle si elle gaspillait ses réserves d'énergie militante dans des luttes sans organisation et sans espoir, mais qu'elle serait lâche, débile et bientôt méprisée si elle n'affrontait jamais aucun risque et si sa sagesse ne s'élevait jamais jusqu'à l'audace.

Voilà la pensée authentique du Parti dans ses manifestations collectives, les seules qui aient autorité.

Et comme, d'autre part, je constate que le syndicalisme le plus révolutionnaire déclare avec une précision croissante qu'il ne recherche pas la violence pour la violence, qu'il ne veut pas de l'action inorganique et irréfléchie, que toute entreprise hardie suppose une préparation sérieuse, une volonté cohérente, une organisation ferme et étendue, comme il me serait facile d'extraire de la Bataille syndicaliste même des articles qui affirment le souci de la production nationale, qui condamnent la vaine outrance des paroles, les déclamations furieuses et la griserie des vanités de violence devant les foules, je me demande pourquoi on essaie à cette heure de créer artificiellement un abîme entre le Syndicalisme et le Socialisme. Je me demande de quel droit on néglige les déclarations communes, les résolutions authentiques et collectives du Parti socialiste tout entier pour exploiter dans un intérêt de division quelques propos individuels.

Qu'on y prenne garde. La classe ouvrière est lassée de toutes les controverses stériles, de tous les conflits artificiels. Plus que jamais elle veut être unie pour avoir la force d'agir, pour avoir la force de penser, pour comprendre le monde de plus en plus complexe où elle se meut et qu'elle doit transformer par un effort aussi vaste que la réalité elle-même. Elle ne pardonnerait pas au socialisme d'essayer de diminuer le syndicalisme. Elle ne pardonnerait pas au syndicalisme d'essayer de discréditer le socialisme.

III

L'Humanité du 10 février 1912

Alcoolisme et socialisme

Ce qu'il y a de plus grave dans le vote émis par la Chambre l'autre jour, ce n'est pas qu'elle ait rejeté un projet de loi qui tendait de façon plus ou moins efficace à limiter l'alcoolisme, c'est qu'elle ait même refusé de le discuter. C'est qu'elle ait marqué ainsi sa répugnance à aborder le problème. Dire a priori, sans examen sérieux, sans débat approfondi, que le pullulement des débitants n'aide pas à la propagation de l'alcoolisme, que dans les agglomérations ouvrières où il y a, en certains quartiers un débitant par vingt ou même par dix habitants, il n'y a pas là une cause d'intensification du fléau ; interdire la parole à ceux qui auraient pu, par des amendements, par des contreprojets, par des indications vigoureuses et nettes, fortifier les moyens de lutte proposés et en formuler ou en suggérer d'autres, c'est animer singulièrement la résistance déjà bien assez audacieuse de ceux qui ont intérêt à maintenir ou à élargir le mal et qui comptent sur la faiblesse du Parlement, sur la distraction de la conscience publique incapable de s'appliquer longtemps à un objet même vital et découragée par le lamentable échec des premières tentatives. Voilà le péril. Voilà le mal qui a été fait et qu'il est urgent de réparer pour la santé morale et physique de notre nation, pour le développement normal du prolétariat, pour l'honneur et le salut du socialisme.

Ah ! je comprends qu'on se désintéresse des solutions proposées et qu'on se refuse à affronter les difficultés et les dangers du combat contre l'alcoolisme si l'on croit, comme le disent quelques-uns de nos amis, les uns brutalement, les autres avec quelques atténuations et hésitations, que l'alcoolisme est inséparable du capitalisme, qu'il ne peut prendre fin ou même être sérieusement combattu que quand le capitalisme tout entier aura péri. A quoi bon appeler sur soi et sur son parti la colère des marchands d'alcool, petits ou grands, des fabricants et marchands d'absinthe petits ou grands, des multiples inventeurs et Propagateurs, de poisons variés, à quoi bon tout cela si le prolétariat est fatalement voué, jusqu'à l'heure glorieuse de la révolution sociale, à toutes les misères, à toutes les tares, à toutes les ignorances, à toutes les névroses, à toutes les entreprises d'exploitation, d'empoisonnement et d'affolement ? On nous dit au fond, à propos de l'alcoolisme comme à propos de tous les problèmes, de toutes les tentatives d'action, que jusqu'à l'heure bénie, jusqu'à la minute triomphante où le socialisme tout entier éclatera sur le monde, il n'y a rien à faire pour les travailleurs, rien de sérieux, d'utile, de sincère, rien qui ne soit aussitôt retourné contre eux, rien qui n'aggrave leur impuissance, leur misère et leurs ténèbres. Il n'y a qu'à attendre en excitant chez eux, dans la nuit toujours épaisse, l'âpre désir de la lumière soudaine et totale. Ou si, pour tromper l'ennui de l'attente, pour amuser les espérances subalternes, on fait quelque simulacre de réforme, quelque geste vain d'action illusoire, il faut bien savoir, et il faut laisser entendre aux initiés, qu'il n'y a là, en effet, que simulacre, illusion, manège à peine captieux pour séduire et retenir la partie enfantine de l'âme des foules. Et si par aventure quelqu'un de ces gestes vains risque d'effaroucher des recruteurs électoraux, ce serait un crime contre le prolétariat de troubler, par un effort stérile de réforme impuissante, le travail d'accumulation arithmétique des suffrages qui seul a de la valeur.

Voilà ce qui est au fond de certaines paroles. Voilà le sens de certaines attitudes : et l'action socialiste sera tâtonnante et contradictoire tant que le Parti socialiste et le prolétariat n'auront pas discuté cette doctrine d'inaction fondamentale, tant qu'ils ne se demanderont pas nettement, courageusement, ce qu'est, ce que peut être la révolution sociale, si elle est l'explosion soudaine de la lumière libératrice sur des masses livrées jusque-là sans défense et sans réserve à tous les effets meurtriers du capitalisme, ou si elle est la conclusion magnifique, l'organisation finale et l'achèvement systématique d'efforts multiples, incessants, toujours plus hardis et plus efficaces, par lesquels le prolétariat aura accru sa liberté, sa conscience, sa lumière, sa santé physique et morale, son loisir de réparation et de culture, sa sécurité sociale, sa participation effective aux liens de la civilisation.

Dans la première conception, la lutte contre l'alcoolisme, contre l'ignorance, contre le logement insalubre et sordide, contre la journée de travail démesurée, contre les pires excès de l'exploitation capitaliste, tout cela n'est que bagatelle, amusettes, diversion, complaisance de médecin philosophe au désir fantasque du malade, auquel il faut bien prescrire quelque chose, mais que l'on sait incurable, sauf par le miracle soudain de la rénovation totale. Dans la seconde conception, au contraire, l'action continue a une valeur, une double valeur, valeur d'allègement immédiat aux pires souffrances des opprimés, valeur de préparation révolutionnaire, par le surcroît de clarté et de force donné à la classe qui revendique, et qui dirige elle-même et les choses vers un ordre nouveau. Alors, pour hausser d'un degré les conditions de vie et de pensée du prolétariat, il vaut la peine de s'exposer à la révolte immédiate des forces mauvaises immédiatement menacées.

C'est de ce point de vue que j'examinerai, à mesure que la foule des événements m'en laissera ici le loisir, le grand problème de la lutte socialiste et ouvrière contre l'alcoolisme.

L'Humanité du 25 février 1912

La vraie question

Décidément les radicaux antiproportionnalistes me font l'honneur de s'acharner sur moi. Hier matin encore, dans *la Petite République*, M. Jacquier me traitait assez durement. Il est pourtant un des plus aimables. Il a un talent mesuré et fin, et comme une fleur de jeunesse. Mais la haine de la réforme électorale lui donne une passion plus âpre.

Il a été injuste pour moi, doublement. D'abord il a insinué que je n'avais pas pris parti, personnellement, au débat sur la franc-maçonnerie et sur la laïcité, sans doute pour ménager des cléricaux et rendre plus facile la coalition proportionnaliste. Hélas ! voilà qu'on me reproche maintenant de ne pas assez parler ! J'étais de tout cœur, que M. Jacquier n'en doute pas, avec ceux qui voulaient respecter le droit des socialistes d'entrer dans la franc-maçonnerie. Et je me suis réjoui de la netteté, de la vigueur avec laquelle dans une motion très explicitée que M. Jacquier paraît ignorer, le Congrès s'est prononcé unanimement pour une ferme politique de laïcité. Un discours de moi n'aurait rien ajouté à la force de cette résolution. La Fédération du Tarn que je représentais au Congrès s'y est associée par tous ses mandats, et c'est une bien méchante querelle que me cherche là M. Jacquier.

Il me blâme aussi d'avoir dit que, quand les ouvriers dans les grèves se livraient à des violences, il fallait s'indigner non contre les ouvriers, mais contre les patrons. Je ne sais quels sont les résumés télégraphiques qui m'ont attribué cette phrase. Mais je n'ai pas dit un mot des patrons. Il serait inepte de les rendre responsables des conflits qui surviennent entre les ouvriers. Il serait inepte de les rendre responsables du fonctionnement d'un système social dont ils ne sont pas plus les auteurs que ne le sont les ouvriers eux-mêmes. Eux aussi ils en subissent et ils en appliquent les lois ; et rien n'est plus contraire à la pensée socialiste que d'imputer aux individus, aux patrons, aux capitalistes, les effets du capitalisme même, dont ils sont pour une part les bénéficiaires et les instruments, mais dont ils ne sont en aucune manière et à aucun degré les créateurs.

Ce que j'ai dit, c'est que nous devions, par un effort croissant d'organisation et d'éducation, prévenir ou atténuer les violences. Et j'ai ajouté que si elles se produisaient malgré nous, dans la surexcitation et la souffrance de la grève, si les ouvriers grévistes s'emportaient contre ceux des prolétaires qui rompaient la solidarité du combat, notre indignation devrait aller surtout à un système social qui met le prolétariat hors de la propriété, hors de la puissance économique et qui ne lui laisse qu'un moyen barbare de revendication et de lutte.

Voilà ce que j'ai dit, et M. Jacquier, si antiproportionnaliste qu'il soit, conviendra bien que son commentaire n'en donne qu'une fausse idée.

Ma conviction est que le seul moyen sérieux de réduire au minimum les tentations de violence et les agitations désordonnées, c'est d'accroître la force d'organisation de la classe ouvrière ; et que cette force d'organisation, d'action à la fois vigoureuse, enthousiaste et réglée sera d'autant plus grande que les travailleurs reconnaîtront mieux la possibilité d'obtenir dès maintenant, par un effort méthodique, des résultats sérieux. Je crois que l'ordre nouveau, l'ordre socialiste, peut et doit être préparé et réalisé par degré. Je crois que la révolution sociale s'accomplira de progrès en progrès, de réforme en réforme, d'institution en institution, et que le syndicalisme peut jouer, comme le socialisme, un rôle immense dans cette transformation graduelle. Il est tout ensemble une force de combat dans le monde actuel, une force organique du monde nouveau, une force de mouvement de l'un à l'autre. Le jour où, cette pensée affirmée dans nos congrès de Limoges et de Toulouse, aura pénétré profondément la classe ouvrière, son action syndicale et son action politique seront portées au plus haut point de vigueur et d'ordre d'enthousiasme et d'efficacité.

Mais pour cela il faut que la pleine clarté soit faite, dans le Parti socialiste même, sur le sens de la méthode de l'action socialiste, sur le sens et la méthode de la révolution sociale. Il est parfaitement vrai qu'en ce point vital il y a dans notre parti des tendances opposées, des conceptions contraires.

Tous les délégués au Congrès, quel que soit leur sentiment sur le fond du problème, ont reconnu qu'il était urgent de dissiper les équivoques ; et ils ont été unanimes à décider que cette grande question ferait l'objet de notre prochain Congrès national.

M. Jacquier, au lieu de me reprocher une intervention en ce sens ferait mieux de ne pas retarder davantage le vote d'une réforme électorale qui obligera son parti à se définir et à tenter le même effort de clarté et de sincérité que le Parti socialiste.

L'Humanité du 21 avril 1912

L'âpre concurrence

Le Matin **s'est vraiment un peu hâté de dénoncer comme criminel le suicide du commandant Smith; car il n'est pas démontré du tout qu'il se soit suicidé. Aussi bien un navire comme le Titanic est un monde si vaste**, et la confusion du drame subi a été sans doute si terrible qu'il est bien difficile aux survivants de savoir et de raconter exactement ce qui s'est passé. La recherche des responsabilités individuelles sera donc sans doute impossible ; et le plus sage est d'envelopper d'une même pitié tous ceux qui ont subi l'horrible épreuve.

Mais il paraît bien certain que les habitudes développées par une concurrence tapageuse sont la vraie cause du désastre. Avant tout, il faut aller vite, non seulement pour se prêter à l'impatience d'une humanité fébrile et énervée, qui ne sait même plus jouir de quelques heures de relâche, mais pour éblouir la badauderie du monde des sports, et pour humilier les rivaux dans la course de vitesse.

Trop souvent le capitalisme a les pulsations précipitées de la folie. Dans le grand match international des compagnies de navigation les précautions les plus élémentaires sont négligées. Que voulez-vous que fasse un commandant de navire que l'état-major financier de l'entreprise traitera comme un maladroit et comme un poltron s'il ne bat pas le record de vitesse ?

S'il est vrai, comme on le télégraphie de New York au *Times*, que le Titanic avait reçu de deux navires les messages les plus précis sur la marche de l'iceberg, s'il est vrai qu'il est allé se briser comme un monstre aveugle, contre le péril qui lui était signalé juste au point où il lui était signalé, comment expliquer une aberration pareille s'il n'y avait pas une sinistre consigne de rapidité ?

Évidemment, il faudra que la loi intervienne, et une loi internationale, pour limiter ces concurrences meurtrières, pour obliger les navires de tous les pays à passer au-dessous de la zone la plus dangereuse, et pour établir un code de l'Océan. Mais les nations peuvent-elles songer à ces choses quand partout la fièvre des rivalités et des armements dévore la pensée ?

Le *Times* a recueilli un autre bruit, le plus sinistre de tous. C'est que la dépêche annonçant la détresse du Titanic aurait été retenue quelques heures à New York et gardée secrète pour que les assureurs aient le temps de passer à l'autre la charge de l'assurance. Ce serait formidable.

III

L'Humanité du 25 août 1912

Vaines polémiques

Ceux qui s'imagineraient, en ravivant artificiellement la querelle bien amortie du Syndicalisme et du Socialisme, intéresser la classe ouvrière, se tromperaient gravement. Le prolétariat français est saturé de controverses. Il a le dégoût des querelles et des divisions. Il sait qu'à l'intérieur de toute grande organisation, qu'elle soit politique ou économique, il y a d'inévitables conflits de tendance et de tactique ; que ces conflits peuvent et doivent se résoudre par la discussion loyale et amicale, à la lumière de l'expérience et de la science ; que les aigres controverses personnelles faussent les problèmes, et qu'opposer en bloc le syndicalisme au socialisme serait l'entreprise la plus dangereuse à la fois et la plus creuse. Pour nous aucune attaque, aucune raillerie ne nous détournera de notre pensée constante qui est d'assurer tout ensemble la pleine indépendance réciproque du Socialisme et du Syndicalisme et leur union cordiale, leur harmonie volontaire, la libre concordance de leur action.

La classe ouvrière française a besoin d'une action à la fois militante et constructive, portant sa force de revendication au plus haut, réalisant d'un mouvement continu des garanties nouvelles et faisant de chaque conquête le prélude et le moyen d'une conquête supérieure ; et elle sait bien qu'elle n'y peut réussir qu'en groupant et coordonnant toutes ses énergies, qu'en utilisant tous ses moyens de combat. C'est là un sentiment de plus en plus net, de plus en plus étendu et qu'aucune polémique désormais ne peut affaiblir. Comme toutes les classes vraiment viriles, le prolétariat français est à l'abri des illusions comme des découragements. L'expérience a démontré aux plus confiants, aux plus enthousiastes, qu'il n'y avait pas de force magique de libération, que ni l'appel socialiste au suffrage universel, ni l'appel syndicaliste à la grève ne suffisaient à transformer le monde en un jour ; que partout et pour tous un immense effort d'éducation, de propagande, d'organisation était nécessaire ; que les forces de résistance de la société bourgeoise étaient énormes, que ses facultés d'accommodation étaient vastes ; qu'il n'y avait aucun moyen d'action privilégié, aucune méthode souveraine qui assurât le prolétariat d'un succès constant et universel ; que l'histoire du socialisme et celle du syndicalisme étaient faites également de victoires et de défaites, et qu'au lieu de s'imputer mutuellement des revers inévitables, les deux organisations devaient s'unir pour réduire au minimum les chances mauvaises, pour porter au plus haut les chances favorables. Voilà la forte leçon de choses, contre laquelle rien ne prévaudra.

Et l'expérience en même temps montrait aux plus défiants, aux plus timides, qu'à travers les inévitables vicissitudes de la lutte sociale, sur la double épreuve des succès et des revers, la conscience socialiste et ouvrière se formait, que le ressort des énergies se fortifiait. Et tous ou presque tous se disent : si la force et l'autorité morale du prolétariat grandissent ainsi malgré l'état rudimentaire de l'organisation économique et de l'organisation politique et malgré leurs conflits, que sera-ce quand le syndicalisme et le socialisme auront développé chacun leur force propre et qu'ils auront, en pleine liberté et égalité, harmonisé leurs efforts ? C'est pourquoi l'idée progresse tous les jours, dans l'organisation syndicaliste, comme dans l'organisation socialiste, qu'il ne suffit pas d'animer et de jeter au combat de petites minorités ardentes, mais qu'il faut encore conquérir la masse, l'organiser, et peser de sa force compacte sur le patronat et sur l'État. Et tous savent, les syndicalistes comme les socialistes, qu'on ne conquiert la masse que par une double force, par la force d'une idée sublime qui la soulève et qui l'exalte, et par la force d'une action continue de réalisation et de conquête qui leur rende sensible, dans une liberté plus sûre, un bien-être plus grand et une instruction plus étendue, la puissance bienfaisante de l'idée supérieure qui anime et dirige la revendication et le combat.

Sans cet idéal supérieur, le syndicalisme rétrograderait au corporatisme le plus étroit, le plus médiocre, le plus bourgeois, qui substituerait simplement le trust ouvrier au trust capitaliste, prolongerait les compétitions, de la production bourgeoise et l'exploitation de la masse par des groupements privilégiés. Sans cet idéal supérieur, le socialisme ne serait qu'un parlementarisme mesquin, absorbé par des besognes incohérentes ou égaré dans de misérables intrigues. Mais cet idéal supérieur d'une société nouvelle, quel est-il ? Je défie qu'on en puisse formuler d'autre que celui que proclame le socialisme international, et qui porte en lui le plus noble effort de combat du prolétariat, le plus noble effort de pensée de la race humaine depuis des siècles. Que l'on diffère, dans les prévisions et spéculations d'avenir, sur le degré de centralisme et de fédéralisme de l'ordre nouveau, c'est chose naturelle, et le mouvement de la vie résoudra seul le problème. Mais c'est l'idée de la propriété sociale des moyens de production, donnant un fondement réel, concret, à la liberté de tous et harmonisant l'activité de tous, qui est le point lumineux où tous les vrais révolutionnaires se rallient. Tout socialiste qui ne l'aura pas toujours présente à la pensée ne sera qu'un empirique ou un intrigant, voué à toutes les capitulations et à toutes les défaillances. Tout syndicaliste qui ne l'avouera pas ne sera qu'un corporatiste étroit, oscillant des révoltes aveugles aux résignations bourgeoises. Comment donc des hommes qui ont ce haut idéal commun, et dont l'horizon est éclairé de la même lumière, pourraient-ils être voués à un conflit fondamental ? Ils ne le pourraient sans se dégrader eux-mêmes puisqu'ils réduiraient à n'être qu'une quantité négligeable de ce qu'il y a de plus haut en chacun d'eux.

Et ce qu'il y a de paradoxal, ce qui montre bien le caractère factice des controverses et des querelles, c'est qu'on renouvelle les polémiques au moment même où la force des choses prépare entre le syndicalisme et le socialisme, déjà unis essentiellement par la communauté du but, la communauté même des méthodes.

Il vaudra la peine de le montrer, ne serait-ce que pour rassurer à ce propos le journal *le Temps* sur ce qu'il appelle « la crise socialiste ».

Jamais, au contraire, nous n'eûmes de plus sérieuses raisons d'avoir confiance.

III

L'Humanité du 17 septembre 1912

Pas d'équivoque

Quand le Parti socialiste demande que, dès maintenant, les monopoles capitalistes qui dominent la vie politique et économique du pays soient nationalisés ou communalisés, quand il demande, par exemple, que les voies ferrées, les mines, la banque, la fabrication et la raffinerie du sucre, les assurances, la production des engrais chimiques, les grands services d'alimentation, fassent retour à la nation, quand il demande l'extension du domaine municipal et la gestion municipale aux transports locaux, omnibus et tramways, à l'éclairage, gaz et électricité, au logement, il ne confond pas du tout ces nationalisations ou municipalisations accomplies dans le cadre et sous les lois générales du système capitaliste toujours dominant, avec ce que sera le régime de la propriété socialisée dans un monde d'où le capitalisme et le salariat auront disparu.

Il sait très bien que sur les services ainsi nationalisés ou municipalisés en régime capitaliste pèsera encore, au moins pour une part, le prélèvement capitaliste, par l'intérêt et l'amortissement des emprunts contractés pour le rachat, ou pour le développement de la production. Il sait que les conditions de travail et de salaire, tout en pouvant être haussées au point où elles serviront de modèle et constitueront une force d'entraînement resteront cependant dominées par les conditions d'ensemble de la production et soumises aux lois générales de l'équilibre capitaliste. Il sait tout cela, et il le rappelle fortement aux prolétaires, pour les mettre en garde contre toute confusion et toute illusion, à l'heure même où il lutte le plus énergiquement pour accroître le domaine économique de la nation et des communes. Il sait que ce n'est point là la réalisation, même partielle, de son idéal suprême, et il n'oublie pas non plus que ce n'est qu'une part, une faible part de l'œuvre immédiate qu'il doit accomplir pour la protection et l'extension des libertés ouvrières, pour la protection, l'organisation et l'émancipation progressive du travail.

Mais il sait, en même temps, d'accord avec tout l'instinct et toute la pensée du socialisme et de la classe ouvrière militante depuis plus d'un siècle, qu'il y a le plus grand intérêt pour le prolétariat en marche à affaiblir le capitalisme privé, à diminuer son influence morale et sociale en lui arrachant les domaines où son activité s'exerce avec une concentration souveraine. C'est une grande force pour le socialisme de démontrer à la démocratie routinière et réfractaire que la gestion du capitalisme privé, l'appât du profit et du dividende, la direction et l'initiative des oligarchies du capital ne soient pas nécessaires au fonctionnement, au progrès des grandes entreprises. Il y a pour lui un intérêt de premier ordre à prouver que dans une démocratie où grandit la puissance organisée du prolétariat, la collectivité nationale ou communale peut exercer de grandes fonctions économiques dans des conditions nouvelles, avec la participation des consommateurs groupés et des travailleurs organisés à l'administration, à l'impulsion et au contrôle. Voilà l'objet à atteindre. Voilà l'effort à accomplir. Voilà la bataille à livrer. Il s'agit tout à la fois d'accroître aux dépens du capitalisme privé, le domaine économique de l'État, et de faire pénétrer dans l'État des moeurs nouvelles, la force de contrôle de la démocratie et des consommateurs, la force de contrôle, la liberté organisée et le droit des salariés.

Voilà pourquoi, dans cet effort, dans cette bataille qui commence à peine, et qui se marque en ce moment même par des actes émouvants, par la lutte des instituteurs syndiqués et confédérés, par la protestation et la démission des délégués de cheminots de l'État, par l'affirmation de solidarité avec les maîtres laïques de la Fédération des salariés des services publics, voilà pourquoi dans le grand combat profond, intérieur, le socialisme, le syndicalisme, la coopération prolétarienne sont trois forces nécessairement unies.

Le Parti socialiste, parti de la démocratie sociale, portant en lui l'idée de la complète émancipation ouvrière, de la plus haute civilisation humaine et de l'entière démocratie ; le syndicalisme groupant les salariés de toute corporation dans une vaste unité où ils prennent conscience de leur force immédiate et de leur force d'avenir, le coopératisme, représentant et appelant à l'organisation la force immense, mais trop longtemps diffuse et stérilisée, des consommateurs, ces trois puissances distinctes et unies, transformeront l'idée du service public, bureaucratique, oligarchique et fiscal en une vaste organisation de démocratie et du travail, en un magnifique apprentissage des forces et des vertus par lesquelles, un jour, l'ordre nouveau fonctionnera dans sa plénitude. Une partie des profits, accaparés à l'heure actuelle par le capital, une partie de l'influence sociale de direction concentrée par des états-majors des grandes compagnies et sociétés capitalistes passeront à la collectivité nationale et municipale, pénétrée tous les jours davantage d'esprit démocratique et d'influences prolétariennes.

Ainsi l'État sera peu à peu économiquement agrandi et socialement transformé. Ainsi dans l'État de classe et de privilège se formera le rudiment d'un État de travail, d'administration populaire et d'égalité, et cette organisation nouvelle, en se développant amorcera, contribuera à préparer l'ordre vraiment socialiste où l'État ne sera plus dans une société libérée des classes et des violences de classes que la forme et la garantie du respect réciproque des droits des individus, le lien de la grande et noble discipline consentie par les citoyens et les producteurs égaux pour l'œuvre commune de production et de civilisation, le point de ralliement et l'organe central d'exécution des volontés manifestées par les groupes professionnels associés et par les communes fédérées dans la grande unité nationale.

C'est bien là ce qu'ont pressenti depuis la Révolution française, depuis le plein avènement du monde moderne, tous les socialistes, tous les communistes, tous les prolétaires luttant pour la liberté et la justice. C'est là une des premières pensées des ouvriers de France, quand s'éveilla d'abord en eux, en face de la bourgeoisie dont ils étaient à la fois les alliés contre l'ancien régime et les adversaires dans le régime nouveau, un puissant instinct de classe. C'est dans cet esprit, c'est dans ce pressentiment que, dès 1792, les ouvriers mineurs et les démocrates révolutionnaires d'Anzin, constatant que la tyrannie des seigneurs d'ancien régime se continuait dans la tyrannie, dans les manœuvres contre-révolutionnaires des seigneurs du capital, demandent aux Assemblées de la Révolution la nationalisation des mines, dans une pétition d'une haute valeur historique que M. Schmidt a retrouvée et publiée dans les documents sur la vie économique de cette grande époque. C'est dans cet esprit, c'est pour accroître les garanties et la puissance des ouvriers s'éveillant sous l'orage à la vie de classe et aux plus sublimes ambitions d'avenir, qu'en 1704 les travailleurs de la Nièvre demandent la nationalisation des forges, des mines et de l'industrie des forêts à leur compatriote Chaumette, qui transmet leur revendication à la Commune, et, par elle, à la Convention. J'en ai trouvé dans les journaux du temps et publié le texte. C'est sous la poussée des forces ouvrières qu'au lendemain de la rupture avec la Gironde, les délégués de la Montagne, qui ne pouvaient se sauver et sauver la Révolution que par l'appui du prolétariat, menaçaient les patrons de nationaliser les fabriques, s'ils ne payaient pas aux ouvriers un salaire suffisant. J'ai publié la photographie du procès-verbal de la municipalité de Castres, où est reproduit le discours impérieux du conventionnel Baudot. Les délégués de la Convention menaçaient partout les boulangers s'ils ne vendaient pas à des prix raisonnables, de créer des boulangeries municipales. Et la nationalisation du commerce des grains était, aux jours de révolte, une des revendications les plus véhémentes du prolétariat souffrant.

C'est aussi la création de grands services nationaux et communaux qui constitue pour Babeuf, puis pour Buonarotti le programme de transition, de préparation qu'on proposait à la démocratie pour l'orienter vers le communisme. C'est par de grandes nationalisations progressives que Marx et Engels, dans le *Manifeste* communiste, préludent à l'œuvre de transformation totale, dans la période où le prolétariat sera assez fort pour imprimer sa direction au monde social, pas assez pour réaliser le communisme entier. C'est cette formule de nationalisation qui éclate dans les revendications ouvrières de 1848.

Et par une suite invincible de tradition, c'est Bebel et Liebknecht affirmant, dans les Congrès de la démocratie socialiste allemande, que les nationalisations seraient plus utiles et plus bienfaisantes à mesure que se développerait la démocratie et que par elle le contrôle du peuple et du prolétariat sur les services nationaux serait plus efficace. Elle est donc pour eux une partie essentielle du programme d'action de la classe ouvrière dans la période où celle-ci sera assez forte pour exercer un contrôle réel mais où elle ne pourra encore réaliser toute sa formule révolutionnaire.

Mais en France même, aux dernières élections municipales de Paris, quelle est la parole qui faisait le plus vibrer la classe ouvrière parisienne ? C'est le cri d'indignation et de révolte de nos militants contre la trahison des radicaux de l'Hôtel de Ville, qui livrèrent aux compagnies capitalistes les services des transports et de l'éclairage, tout ce que la commune devait garder dans son domaine. Et quelle est la partie du programme qui portait le plus ? C'est celle où nos amis revendiquaient pour la Ville de Paris le droit de posséder et de construire des logements pour faire échec aux prétentions abusives et aux loyers usuraires des propriétaires bourgeois.

Mais quel est le syndicaliste, parmi les signataires de la lettre ouverte, qui s'est levé alors pour dire que le Parti socialiste faisait fausse route, et que ce sont les radicaux de l'Hôtel de Ville qui en laissant au capitalisme privé les services les plus essentiels avaient le mieux respecté les conditions d'organisation de la classe ouvrière ? Quel est, parmi les syndicalistes, quel est parmi mes contradicteurs immédiats, celui qui a protesté quand le Congrès général des cheminots a voté la nationalisation des chemins de fer, quand le Congrès général des mineurs a voté la nationalisation des mines ?

Il y a quelques jours à peine, le puissant Congrès anglais des Tracte Unions votait à l'unanimité une résolution demandant la nationalisation immédiate de la terre, des chemins de fer et des usines. Les organisations ouvrières anglaises, qui sont de plus en plus pénétrées de la pensée socialiste et de l'esprit de classe, et qui n'ont jamais été plus militantes, seront-elles accusées par les citoyens Griffuelhes et Jouhaux de travailler contre l'action d'ensemble de la classe ouvrière, et de développer un corporatisme étroit pour rendre plus difficile l'organisation prolétarienne ? Et si cet argument ne vaut ni contre les cheminots et les mineurs de France, éléments si importants de la Confédération, ni contre le Congrès international des mineurs, ni contre l'unanimité des Tracte Unions anglaises, de quel droit les citoyens Jouhaux, Griffuelhes, et leur amis l'invoquent-ils contre nous ? De quel droit tentent-ils de diviser par là, en France, le syndicalisme et le socialisme ? Ce n'est pas entre eux et nous qu'ils creuseraient un fossé, mais entre eux, et toute la tradition française et européenne du prolétariat militant entre eux et tout le prolétariat de l'Europe.

Mais j'ai là-dessus des questions précises à poser.

L'Humanité du 22 septembre 1912

Ce qu'ils n'ont pas vu

Les poursuites judiciaires et les persécutions administratives dirigées contre les instituteurs syndiqués sont arbitraires, iniques, injustifiables. Elles sont une hypocrisie puisque la dissolution qu'on exigeait des syndicats d'instituteurs ne pouvait être que fictive, les conditions statutaires de la dissolution ne pouvant pas être remplies. Elles sont un manquement à la foi publique, puisque le Parlement avait, par un vote solennel, sanctionné l'état de fait. Elles sont un acte de violence, contraire à toutes les règles de justice, à toutes les formalités essentielles, qui protègent le droit, puisque prétexte a été pris de propos ou de votes sur lesquels les instituteurs n'ont pas été interrogés, puisqu'ils ont été frappés avant d'avoir été entendus. Elles sont la pire faute politique, et elles affaiblissent le régime républicain, puisqu'elles livrent les maîtres laïques, au nom de la République, aux haines, aux calomnies, aux interprétations tendancieuses des ennemis de l'école, investis maintenant d'une sorte d'autorité officielle et ayant reçu pour leur besogne de mensonge haineux estampille ministérielle et patente gouvernementale.

Et quelle misère intellectuelle et morale de s'imaginer que c'est en brutalisant les esprits, en essayant de fausser ou de briser le ressort de la pensée et la fierté de la conscience dans les éducateurs du prolétariat qu'on préparera un grand peuple, fort et sage.

Mais ce que n'ont pas vu les gouvernants insensés qui engagent cette bataille, c'est que les instituteurs ont pour eux, aujourd'hui deux forces, deux grandes forces.

D'abord, ils ont eu autant de sagesse que de courage. Ils ont maintenu le débat à un niveau où aucune manœuvre grossière ne peut les atteindre. Ils n'ont fourni au pouvoir, par aucune violence de parole ou de geste, par aucun excès de polémique, par aucun entraînement de langage, ces moyens de diversion mélodramatique dont les gouvernants ont si souvent abusé. Sans rien abdiquer de leur droit, sans jamais abaisser leur dignité, ils ont tenu au pouvoir le langage mesuré et ferme qui convient à la fois à des citoyens libres, sûrs de leur conscience, et à de bons serviteurs de la République et de la nation, préoccupés de leur devoir. Le manifeste par lequel ils ont défini leur pensée est irréprochable de ton et de forme comme il l'est de substance et de fond. Le discours tenu par l'instituteur Chapolin à la présidence du Congrès confédéral est la revendication légitime inattaquable, de la liberté des citoyens et elle est, contre les abus, les interventions irrégulières et tyranniques qui compromettent les services publics, une protestation dont les adversaires les plus acharnés des maîtres laïques et des syndicats d'instituteurs sont obligés de reconnaître la vérité et la nécessité.

Et toutes les organisations prolétariennes qui ont soutenu les instituteurs en lutte se sont conformées à la même règle de sagesse et de dignité supérieure. Ni dans la protestation de la Fédération des services publics ni dans l'ordre du jour confédéral le pouvoir ne relèvera un mot qui lui permette de déplacer le problème, de substituer des effets de théâtre et des indignations de parade à la question de droit et de République qui est posée par les violences gouvernementales. Et comme pour bien montrer qu'il y a là, dans la classe ouvrière et notamment, dans tout le prolétariat administratif, une volonté réfléchie, une méthode délibérée, c'est dans des termes d'une convenance parfaite que les cheminots de l'État délégués au Conseil du réseau ont adressé leur démission au ministère des Travaux publics. C'est en face d'hommes maîtres d'eux-mêmes que l'État devra justifier ses procédés de violence. Par là les travailleurs donnent une preuve saisissante de leur force, de leur maturité sociale. Et par la pleine possession de leur pensée, ils infligent une terrible leçon, plus dure que tous les emportements d'épithètes, aux gouvernants étourdis qui ont oublié toute règle de prudence intellectuelle et d'équité au point de frapper les maîtres sans même les avoir entendus. De quel côté est le sang-froid ? De quel côté est le scrupule ? De quel côté est le respect de soi-même ? Et où sont les vraies forces d'avenir pour la République et pour la France ?

Et puis, il y a pour les instituteurs syndiqués cette grande chose : qu'on les poursuit pour leurs sympathies ouvrières, pour leur communication avec le prolétariat organisé, juste au moment où la classe ouvrière de France, dans son Congrès confédéral affirme un idéal social et moral d'une magnifique noblesse. Ah ! quelle rage dans la presse de répression ! Quel dépit furieux dans les journaux du nationalisme clérical et du radicalisme réacteur ! Ils en sont à accuser les syndicalistes d'hypocrisie, de dissimulation, de prudence peureuse. Ce qu'ils ne leur pardonneront jamais c'est l'élévation de leur pensée. Quoi ! ils ont affirmé solennellement qu'ils étaient, qu'ils avaient toujours été contre la désertion et contre l'insoumission ! Quoi ! ils font éclater dans tous leurs desseins de réforme sociale le plus haut souci moral ! Ils proclament que ce qui les intéresse tout d'abord dans la semaine anglaise réclamée par eux, dans cette liberté de l'après-midi du samedi qui rendra effective et pleine la liberté du dimanche, ce n'est pas la question des salaires, mais c'est la reconstitution du foyer familial ; c'est la lutte contre les influences moralement dissolvantes d'un industrialisme sans mesure ; c'est le développement des affections saines et des pures joies qui accroissent l'influence sociale d'une classe en accroissant sa valeur intérieure ! Quoi ! ils redoublent d'efforts contre l'alcoolisme ! Ils le dénoncent comme le plus terrible danger. Ils vont jusqu'à profiter de l'épreuve de la vie chère pour conseiller, pour prescrire aux travailleurs d'en atténuer les effets en abandonnant toutes les dépenses d'alcool et toutes les dépenses de jeu ! Et dans cette sagesse, dans cette noblesse, dans ce souci d'éducation et de moralité il n'y a ni alanguissement ni lassitude.

Bien loin de renoncer à leur sublime idéal de transformation sociale complète, bien loin d'amortir leur propagande contre l'intervention du militarisme dans les grèves, contre les lois scélérates qui menacent la liberté de pensée de tous les citoyens, contre les risques de conflits internationaux et le crime de la guerre, c'est pour combattre avec plus d'autorité et d'efficacité qu'ils veulent hausser la force morale des prolétaires. Oui, ils vont continuer leur combat pour l'idée nouvelle, pour un ordre humain supérieur; mais tout cela ils le signifient d'une parole si sobre, d'un geste si sûr, d'un accent si probe, avec un tel souci de prévenir les malentendus et une telle plénitude d'émotion morale, que les calomniateurs professionnels se demandent avec épouvante s'il leur sera facile de continuer leur besogne et si le poison qu'ils ne peuvent plus évacuer ne va pas leur brûler le cœur ! Voilà ce que les gouvernants n'ont pas vu. Voilà ce que n'aperçoivent et ne comprennent ni M. Poincaré, ni M. Guist'hau, ni M. Briand, ni leurs collègues. Et c'est déjà pour eux un châtiment, le plus profond de tous, de n'avoir pas le sens de ces grandes choses. Ils ne comprennent pas le magnifique travail qui se poursuit dans la pensée et dans la conscience ouvrière, ils ne sentent pas ce qu'a de noble la solidarité ainsi formulée des éducateurs du peuple ouvrier en progrès constant d'éducation.

Les gouvernants ont en main bien des forces matérielles. Mais ce sont de grandes forces morales qui se dresseront contre eux. Tant pis pour eux s'ils sont vaincus, et s'ils portent la peine immédiate de leur déraison. Tant pis pour eux encore si un moment ils étaient vainqueurs !

L'Humanité du 1er octobre 1912

À la verrerie ouvrière

Je ne veux me livrer à aucune polémique contre les journaux qui, à propos du conflit actuel de la verrerie ouvrière [(1)], me mettent en cause et dénaturent mon rôle. Depuis les jours déjà lointains de la lutte parfois tragique qui a abouti à la création de la verrerie et où j'ai dépensé mes forces sans compter, depuis surtout que ses statuts définitifs en ont remis la propriété et confié la direction aux syndicats et aux coopératives, aux organisations ouvrières responsables, je ne suis jamais intervenu dans son fonctionnement et je ne me suis permis aucune ingérence indiscrète. Aujourd'hui encore je veux me borner à exposer les faits, à faire connaître en toute conscience que je crois la vérité. Les verriers, en dissentiment sur certaines conditions du travail avec la commission qui représente les organisations ouvrières, ont demandé un arbitrage. Cette demande d'arbitrage va être transmise tout de suite aux organisations ouvrières, le conflit se résoudra certainement par une procédure amicale loyale. Mais tant de faits inexacts ont été allégués par les journaux, tant de commentaires tendancieux ont été publiés qu'il est bon dire très simplement ce qui est.

Parce que, après dix-sept ans d'existence, la verrerie ouvrière subit dans son fonctionnement, dans son régime intérieur, une difficulté sérieuse, il y a des journaux qui s'empressent de parler d'elle, avec une triomphante tristesse, comme si elle était perdue.

Économiquement, elle ne fut jamais plus solide. Malgré des vices d'organisation incontestables, elle s'est développée puissamment. Elle a accru dans de fortes proportions sa valeur en capital. Elle a pratiqué de larges amortissements et son actif net est considérable. Le dernier semestre fait apparaître un bénéfice de 55 000 francs. Et elle a fait face, sans emprunt, avec ses ressources propres, à la dépense d'un quatrième four, qui a coûté 140 000 francs, qui est presque achevé et qui fonctionnera dans deux mois. Des techniciens m'assurent qu'il sera supérieur à la plupart des fours des verreries patronales. Il n'y a donc ni difficultés économiques ni embarras financiers.

Mais il a paru aux organisations ouvrières responsables que ces premiers résultats pouvaient et devaient être améliorés par de sérieuses réformes. Elles ont constaté et elles ont déclaré, dans plusieurs assemblées successives, que le prix de revient était trop élevé, que des erreurs techniques avaient été commises et que l'organisation du travail n'était ni assez ferme ni assez efficace.

Leur premier acte a été de décider qu'un ingénieur (2), qu'un spécialiste prendrait en main la direction technique des travaux. J'ai lu dans les journaux que les ouvriers de la verrerie voulaient se débarrasser de l'ingénieur, qu'ils avaient une sorte de haine contre « l'intellectuel ». Ce n'est pas vrai. A coup sûr, plusieurs d'entre eux ont été inquiétés et troublés par ses projets de réforme. Mais l'immense majorité d'entre eux n'a jamais cessé de le respecter. J'ai entendu ceux-là mêmes des verriers qui étaient le plus opposés à ses plans de réorganisation parler de lui avec déférence. Ils connaissent son désintéressement, sa compétence. Ils sont témoins de son infatigable labeur, des progrès techniques déjà réalisés par ses soins. Ils sentent très bien qu'il désire passionnément le succès, la croissance de la verrerie ouvrière et qu'il y donne tout son savoir et tout son cœur, non seulement avec la passion professionnelle d'un technicien qui connaît et qui aime son métier, mais avec l'enthousiasme réfléchi d'un socialiste, d'un syndicaliste qui veut contribuer à faire la preuve que l'organisation ouvrière est capable d'une action industrielle efficace et féconde. Tout cela, les verriers sont presque unanimes à le reconnaître et à le proclamer.

D'où vient donc la difficulté ? Si l'on s'en tenait au seul grief que maintiennent définitivement les ouvriers verriers, la question serait vraiment infime et le conflit serait incompréhensible. Ils se plaignent en effet de ce que certains employés comptables, chefs de travaux, chefs de vente, gagnent plus que les souffleurs. Et ils demandent que le salaire des employés soit ramené au salaire des souffleurs. Mais comme les ouvriers eux-mêmes ne demandent pas que les salaires de toutes les catégories de travailleurs de la verrerie soient unifiés, comme ils ne demandent pas que le salaire des souffleurs, des porteurs, des grands garçons soit identique, ils ne peuvent donner un fondement théorique à leur protestation. Et en fait le litige se réduit presque à rien.

La diminution qu'ils veulent faire subir aux employés se traduirait chaque année par le chiffre totale de 4 000 francs. Et dans le plan de réorganisation du travail et des salaires qui a été adopté, les organisations ouvrières ont décidé que le montant total des salaires à la verrerie serait augmenté de 40 000 francs par an. Le salaire total d'employés a été diminué ; pour les tout petits employés seulement pour les moins payés, le salaire est un peu relevé. Si donc vraiment, comme on me l'assure, les ouvriers verriers sont d'accord maintenant avec les organisations ouvrières sur les grandes lignes du nouveau plan de travail et sur le niveau général des salaires (sauf quelques retouches de détail), si la difficulté ne porte plus que sur ce point, elle se réduit presque à rien.

Mais au fond la vraie difficulté n'est pas là. La vraie crise n'est là. La vérité est que les ouvriers verriers sont troublés par le nouveau système de travail qui a été décidé. Les organisations ouvrières ont pensé, d'accord avec l'ingénieur, que l'organisation de l'usine devait être modifiée sur deux points. D'abord, il leur a paru que le travail à la tâche, tel qu'il avait fonctionné à la verrerie ouvrière, amenait le désordre de la production, le détraquement de la discipline et l'aggravation des frais généraux. À la dernière assemblée des actionnaires, c'est-à-dire des syndicats et des coopératives, les abus ont été dénoncés avec une extrême rigueur et un appel énergique a été fait à la conscience et à la raison des verriers, à leur responsabilité envers la classe ouvrière. Il a été dit que trop souvent les ouvriers de la verrerie s'étaient laissés entraîner par le système du travail aux pièces à une production tout à fait irrégulière. Un jour ils produisaient à outrance et réalisaient en se surmenant très haut salaire. Un autre jour, ils ne venaient pas à l'usine et leur absence compromettait le travail, imposant à la verrerie des sans compensation. Dans ce désordre, chaque petit groupe d'ouvriers arrivait à se créer ses habitudes qu'il transformait bientôt en droit et qui constituaient un obstacle au plein fonctionnement des forces productives. Voilà ce qui a été affirmé.

Je ne sais si le tableau n'a pas été poussé au noir par les organisations ouvrières, effrayées des conséquences morales qu'aurait l'échec de l'œuvre. Sans doute, pour que la verrerie ait pu durer et même se développer, il a bien fallu qu'à travers les misères de l'égoïsme et les insuffisances de l'organisation ait persisté dans une large mesure le magnifique esprit de solidarité et de dévouement qui l'avait fondée. Mais enfin les verriers présents à l'assemblée générale ont reconnu tous, avec l'unanimité des organisations, la nécessité d'une réforme profonde. C'est pour cela qu'au travail aux pièces a été substitué le travail à la journée. Les ouvriers seront payés tous les jours, même les dimanches, et dans les jours de chômage créés par l'arrêt des fours. Mais quand ils manqueront un jour de travail par leur volonté, on leur retiendra un jour de salaire sur les jours de non-travail qui sont rétribués. Il a semblé aux organisations ouvrières que par là une exactitude plus grande serait assurée, et qu'en même temps les forces des ouvriers seraient mieux ménagées que par le régime alterné et incohérent de surmenage et de chômage volontaire qui tendait à prévaloir. De plus, par cette régularité plus grande du travail de tous, par la définition précise du travail et des salaires pour chacune des catégories, les tendances particularistes, les prétentions contradictoires des petits groupes seront écartées.

Une seconde réforme très importante a été introduite. Conformément à la pratique des verreries les plus modernes, les organisations ouvrières ont voulu réagir contre l'excès de la division du travail. Elles ont institué le travail à deux, pour préparer le travail à trois. Jusqu'ici le souffleur n'était que souffleur; et il s'épuisait dans cette dépense continue du souffle. Maintenant le même homme remplira, avec la tâche de souffleur, une autre tâche. Il ne sera donc souffleur que la moitié du temps, en attendant qu'il ne le soit que le tiers du temps. Les organisations ouvrières espèrent que cette mesure, s'ajoutant à une régularité plus grande dans l'effort de chaque jour, préservera les verriers de l'épuisement prématuré, de la fièvre qui leur brûle le sang. Le secrétaire général de la fédération des verriers est tout à fait favorable à l'institution de cette méthode de travail et à sa propagation dans toutes les verreries.

À toutes ces transformations, au nouveau plan général de travail et de paiement, les délégués des verriers à l'assemblée générale des organisations ouvrières avaient donné leur plein assentiment. Mais que, au moment où les réformes vont entrer en application, les ouvriers aient témoigné quelque appréhension et marqué quelque résistance, c'est chose naturelle. Il est naturel que le passage à une forme de discipline qui, sans être tatillonne, vexatoire et tyrannique, sera plus ferme et plus exacte, inquiète quelques-uns. Il est naturel aussi que les quelques souffleurs qui, dans le passage du travail aux pièces au travail à la journée sont exposés à subir une légère réduction, s'émeuvent un moment. En fait la réduction ne serait qu'apparente car leur force de travail et de santé sera grandement ménagée par le nouveau régime.

Et surtout, tous les ouvriers doivent bien songer que tout ce qui accroîtra la régularité et la puissance de la production créera des possibilités immédiates pour l'amélioration du sort de tous. Ils ne sont pas guettés par des capitalistes avides. Les organisations ouvrières ne touchent pas de dividende. Elles savent très bien qu'un sérieux effort reste à accomplir, et pour le salaire quotidien et pour la création des institutions de solidarité, caisses de maladie, complément des retraites de vieillesse, qui font défaut encore. Quand le quatrième four sera en fonctionnement, quand les débouchés commerciaux auront par là été élargis, quand la nouvelle situation résultant pour la verrerie de ce nouveau progrès pourra être précisée, il sera facile d'ajouter aux salaires actuellement prévus des primes dont on déterminerait la base par un accord des verriers et des organisations ouvrières.

Dès maintenant, ce qu'il faut bien noter, c'est que les réformes introduites à la verrerie ne sont pas un prétexte hypocrite à diminuer les salaires. Au contraire, en même temps qu'elles constituent des précautions d'hygiène, elles se traduisent par une augmentation annuelle certaine de 40 000 francs. Et la journée de travail n'y est que de huit heures, non seulement, comme dans les autres verreries, pour les souffleurs, mais pour toutes les catégories du personnel.

Voilà les faits, tels que je les connais. Je suis convaincu que les malentendus se dissiperont aisément. On voit à quelles fantaisies d'information et de polémique se sont livrés les journaux qui ont dit que l'on procédait à l'unification de tous les salaires sans distinction de catégorie. Non, ce qui est vrai, c'est que l'effort supplémentaire de 40 000 francs a été porté sur les plus petits salaires.

Et quant à ceux qui triomphent de ce qu'ils appellent « la faillite morale » de l'entreprise, ils commettent la plus singulière erreur. De même que pour réaliser la République, il ne suffit pas de la proclamer, de même qu'un peuple ne conquiert vraiment la souveraineté politique qu'en l'cxerçant, et au prix de bien des erreurs et de bien des vicissitudes, le gouvernement d'une classe par elle-même, le gouvernement du travail par lui-même, suppose un long et dur apprentissage. La victoire, même totale, du socialisme ne fera qu'inaugurer un apprentissage plus étendu et plus intense pour une humanité supérieure. La verrerie ouvrière, administrée et possédée par des organisations ouvrières, est un modeste essai, qui ne vaudra que par l'aptitude même des travailleurs à profiter des leçons de l'expérience. Créer une discipline à la fois consentie et forte, dans un régime de travail où ce sont des camarades qui administrent, est plus difficile à coup sûr que d'appliquer les règles brutales de l'autocratie patronale. C'est plus difficile mais c'est plus noble ; et les difficultés mêmes que la verrerie ouvrière traverse aideront à cette libre éducation et à cette libre formation du prolétariat.

En attendant, il y a quelque chose dans ce conflit qui montre bien que l'organisation ouvrière représente, même dans l'état rudimentaire où elle est encore, quelque chose de nouveau. Nul n'a songé à appeler la force publique. Les ouvriers, même « grévistes », se sentent chez eux à l'usine. Ce sont eux qui en ont les clefs, et ce sont eux qui font des rondes pour la mettre à l'abri de tout mauvais coup, d'où qu'il puisse venir.

Après quelques jours de négociation, l'entente se fera, soit directement, soit par des arbitres qui tous représenteront la classe ouvrière, et le sentiment du devoir sera fortifié en tous ceux qui auront été mêlés au conflit : devoir de la classe ouvrière envers les verriers, devoir des verriers envers la classe ouvrière.

III

(1) La Verrerie ouvrière d'Albi est née en 1895-1896 sous l'impulsion de Jaurès et a bénéficié depuis de son constant soutien, malgré les difficultés et les tensions internes qui secouent plusieurs fois l'entreprise.

(2) En l'occurrence Cyrille Spinetta (1879-1943), socialiste, devenu le directeur en titre de la Verrerie en 1912.

L'Humanité du 6 octobre 1912

Éducation vivante

C'est avec un dépit mal dissimulé que les journaux qui avaient annoncé « la fin de la verrerie ouvrière » ont appris la décision des verriers reprenant le travail et soumettant le litige à l'arbitrage souverain des organisations ouvrières convoquées en assemblée générale pour le 20 octobre. Tous les partis saisissent l'occasion de la crise récente pour reprendre contre nous leurs objections accoutumées. *Le Temps* dit que toute entreprise qui soumet des ouvriers à la direction des organisations ouvrières constitue « une épreuve pour le syndicalisme et pour le socialisme ». Parfaitement, c'est une épreuve, comme toute action, comme tout effort de création. Mais quand une classe est vigoureuse, quand elle porte en elle une haute idée, conforme à la tendance générale des faits comme aux aspirations les plus nobles des consciences, ces épreuves mêmes ajoutent à sa force, en contribuant à son éducation, en accroissant son savoir et sa volonté.

Le Temps rappelle que des incidents comme celui qui s'est produit à la verrerie ouvrière sont fréquents. Il y a eu, dit-il, des difficultés entre Vorwaerts et les ouvriers de l'imprimerie qui un jour abandonnèrent « la casse ». Il y a eu des conflits et des menaces de conflit entre les coopératives ouvrières et les salariés qui travaillent pour elles soit dans les services de distribution, soit dans les usines qu'elles ont fondées. Et c'est en effet un délicat problème d'accorder les naturelles exigences et les naturelles espérances des salariés dans les entreprises ouvrières avec les conditions dominantes du milieu capitaliste où toute institution prolétarienne se développe aujourd'hui. Les conflits ne peuvent être prévenus, les difficultés ne peuvent être résolues qu'à deux conditions. Il faut d'une part que les administrations ouvrières, par une attention vigilante, assurent aux salariés les meilleures conditions de salaire et de travail qui puissent concilier avec la vie et la croissance de l'entreprise sous les lois de l'universelle concurrence. Il faut d'autre part que les salariés des œuvres prolétariennes comprennent que l'acte le plus lâche, le plus misérable que pût commettre un prolétaire, ce serait d'abuser du caractère ouvrier de l'entreprise pour s'élever contre des exigences meurtrières et pour refuser la discipline nécessaire à toute grande production. Le sentiment de ce double devoir pénètre de plus en plus le prolétariat, devoir de large solidarité des organisations ouvrières envers les salariés des organisations coopératives ou syndicales, devoir de bonne volonté, de dévouement actif, libre et loyale discipline des salariés envers les organisations prolétariennes dirigeantes et responsables.

C'est par là, c'est par l'accomplissement exact de ces obligations réciproques, que les entreprises nées du mouvement coopératif syndical pourront assurer dès maintenant aux prolétaires le maximum de bien-être et de garantie que comporte le système général de la production capitaliste. Et c'est par là que sera assurée la grande victoire morale qui sera d'une admirable fécondité. C'est par là que la classe ouvrière fera la preuve qu'elle est capable dans l'ordre de production, d'autonomie, d'initiative, de méthode et de progrès. Ainsi elle démontrera qu'elle peut se passer de la direction du capitalisme. La société tout entière comprendra que le socialisme ne lui propose point un saut dans l'inconnu ou dans l'incohérence, et que la démocratie sociale sera non seulement plus juste, mais plus féconde, plus agissante, plus créatrice que le régime présent où se heurtent et se neutralisent tant de forces, où se gaspillent tant d'énergies.

Oui, dans les épreuves mêmes et dans les difficultés, le prolétariat prend une conscience tous les jours plus nette de la grandeur de sa mission historique et des conditions intellectuelles et morales qui en assureront le succès. Et voilà pourquoi, malgré les crises inévitables, les entreprises dont parle *Le Temps* se développent d'un mouvement continu et accéléré. Voilà pourquoi, malgré l'incident de l'imprimerie du Vorwaerts la presse, la grande presse possédée et administrée par le Parti socialiste et les syndicats grandit en Allemagne avec un élan et une sûreté admirables. Voilà pourquoi partout dans le monde, en Belgique, en Suisse, en Italie, en Allemagne, en Angleterre, en France même, malgré une longue inertie que nous commençons à peine à secouer, les coopératives de consommation s'accroissent, se fédèrent, prennent des proportions colossales et fondent à leur usage et sous leur contrôle des usines dont la production grandit d'année en année. Et les luttes multiples que les coopératives ont eu à soutenir pour éliminer tout parasitisme, toute corruption, tout gaspillage, pour équilibrer les justes revendications des salariés et les exigences du marché général, pour combiner le respect de la liberté et de la dignité des ouvriers avec la nécessaire discipline, toutes ces difficultés d'hier, qu'aujourd'hui n'ignore pas et que demain connaîtra encore, n'arrêtent pas la magnifique croissance de la coopération. Elles n'empêcheront pas non plus la démocratie socialiste universelle de s'outiller plus fortement tous les jours, par ses maisons du peuple, par ses journaux, par ses imprimeries, par l'œuvre de propagande, d'éducation et de combat. Les épreuves mêmes et les crises inévitables ne feront qu'ajouter à la vigilance de la classe ouvrière, à sons sens des responsabilités. Elles accroîtront sa force morale et sa faculté directrice ; elles la rendront plus capable de susciter un ordre nouveau et d'en assurer le fonctionnement.

Et si, comme tout permet de l'espérer, c'est dans cet esprit que les verriers d'Albi et les organisations ouvrières abordent, dans l'assemblée prolétarienne du 20 octobre, le règlement définitif des difficultés, la verrerie ouvrière sortira de l'épreuve moralement et économiquement fortifiée.

III

L'Humanité du 24 octobre 1912

Capitalisme

Le Temps a publié avant-hier un court résumé du rapport de la commission des États-Unis qui enquête sur le groupement des forces capitalistes. Dès que j'aurai le document entre les mains, j'en donnerai ici une analyse minutieuse. Dès maintenant, il est acquis que les deux groupes de M. Pierpont Morgan et de M. Rockfeller « dominent 36 % de la richesse active des États-Unis », c'est-à-dire disposent d'un tiers du capital productif de la grande nation américaine [1]. Ces deux hommes, ces deux empereurs et généralissimes du capital yankee ont sous leur direction un état-major de 320 millionnaires, qui sont répartis dans les conseils d'administration d'un très grand nombre de services, d'entreprises industrielles et d'institutions financières et qui commandent à un peu plus de 123 milliards de francs. C'est la concentration capitaliste au troisième degré. Au premier degré, il y a la grande industrie, le grand établissement, la grande compagnie qui, par sa puissance technique, a absorbé ou subordonné les moyennes et petites entreprises. Au second degré intervient le trust qui groupe les grandes entreprises d'une même industrie pour supprimer entre elles la concurrence et pour dominer le marché par la détermination souveraine des prix. Et voici maintenant que pour achever cette centralisation formidable, pour couronner ce césarisme du capital, les grands manieurs d'argent mettent la main sur un énorme ensemble d'industries diverses donc chacune est déjà trustée.

Cette évolution suprême était à prévoir. D'abord chacune des grandes entreprises capitalistes prend de plus en plus l'habitude de placer dans d'autres entreprises ses fonds de réserve. Elle accroît par là son influence, se ménage la possibilité de combinaisons fructueuses, et s'assure en tout cas contre les dépressions qui peuvent menacer une industrie déterminée par les plus-values qui viennent d'une autre. Ainsi, il y a pénétration des diverses entreprises ; et si les capitalistes qui ont mis la main sur les ressorts multiples de ce mécanisme immense s'entendent, si du moins les plus gros d'entre eux se concertent, on aboutit à ceci : que trois cents hommes manœuvrent à leur gré un capital de cent trente milliards. Cette masse énorme est à leur disposition. Et il dépend d'eux, selon qu'ils portent sur tel ou tel point déterminé par eux ces forces colossales, d'écraser en germe toute concurrence, d'imposer leur loi à toute industrie existante ou en formation. Ils deviennent, dans une démocratie politique absolue, les maîtres absolus du système social, par la puissance interne du capital à la souveraineté et à l'unité.

Il ne faut plus parler de la féodalité capitaliste. Car la féodalité, c'est encore la dispersion. L'image est surannée et les événements vont au plus vite que nos formules. C'est l'Empire du capital qui se prépare et qui commence à s'affirmer par la souveraineté de deux grands monarques capitalistes groupant sous leur direction les grands féodaux.

Y aura-t-il un jour un seul César ? Pour le moment, c'est le césarisme à deux têtes, comme l'aigle russe. Mais les deux becs de l'aigle, d'un mouvement concerté, fouillent jusqu'aux entrailles le peuple américain pour lui arracher toute la richesse.

Quels formidables préparateurs de la Révolution sociale !

III

(1) La période 1897-1914 est marquée aux États-Unis par l'avènement du « Big Business », la constitution d'empires financiers et ferroviaires, comme ceux de Morgan et de Rockefeller qui dominent Wall Street. Le monde de l'industrie, de la finance et des transports est de plus en plus dominé par un petit nombre de sociétés géantes, elles-mêmes aux mains d'une oligarchie restreinte de banquiers et d'industriels.

L'Humanité du 25 octobre 1912

Classes moyennes

Le journal *La France* se félicitait hier des signes multiples d'activité donnés par les classes moyennes. Et il ajoutait : « Là sera la base du Parti radical. Les ouvriers les plus emportés sont conquis par le socialisme et le syndicalisme. Mais en ajoutant aux ouvriers sages la moyenne bourgeoisie, les artisans, les petits bourgeois, le radicalisme sera une puissance très massive et très efficace. Il lui sera d'autant plus facile désormais de rallier les classes moyennes que le Parti radical ayant décidément rompu avec le parti socialiste, n'a plus aucune responsabilité dans ses violences et ses chimères. »

Voilà ce que disent en substance les radicaux de *La France* ; et on se souvient peut-être que dans son discours sur la loi de dix heures, M. Puech formulait à peu près la même doctrine : « N'oublions pas, nous radicaux, que nous sommes avant tout le parti de la petite bourgeoisie. »

Mais nous aussi, nous nous félicitons que la question se pose enfin nettement, fortement. Oui, je crois que les classes moyennes menacées de toute part par les forces économiques, vont tenter un grand effort. Il y a quelques jours, étant allé dans l'Aisne pour participer à la lutte électorale si vaillamment menée par Jean Longuet [1], j'entendais des commerçants, des boutiquiers, des artisans, des petits fabricants, dire avec un grand accent de résolution : « Il faut que cela finisse. Nous sommes enveloppés, ruinés, refoulés dans le prolétariat. Nos connaissances techniques ne nous servent plus à rien. Les grands magasins et les grands bazars qui, jusqu'ici, ne nous frappaient que de loin viennent maintenant nous serrer de près dans les moindres villages. Voyez dans nos régions. Les succursales se multiplient. Les « familistères » portent des numéros et ces numéros maintenant sont de trois chiffres. Ils seront bientôt de quatre. Nous ne voulons pas périr. Il faudra que les partis se prononcent, qu'ils s'engagent à fond. Pas de promesses, des actes. Pas de formules, des réalités. Un homme qui se noie ne demande pas de discours. Il demande de l'air. » Oui, il faudra se prononcer et dire ce qu'on veut. Mais il faudra d'abord que « les classes moyennes » elles-mêmes le disent ; et qu'elles le disent avec la netteté qu'elles exigent des autres. Et il faudra que le Parti radical, qui se donne pour leur champion, s'explique aussi, de façon claire et certaine. Et c'est là que nous l'attendons. Car, là aussi, comme en toute autre question, il n'y a plus que deux politiques possibles : la politique réactionnaire et la politique socialiste.

C'est ce que j'essaierai de préciser.

III

(1) Jean Longuet (1876-1938), petit-fils de Karl Marx, proche de Jaurès, excellent connaisseur des questions internationales.

L'Humanité du 27 décembre 1912

Production et réformes

À en croire les jérémies de la contre-révolution et du conservatisme, le monde de la production allait à sa perte. Les exigences des ouvriers, les agitations déchaînées par les syndicats, l'effet des lois sociales accablant l'industrie d'entraves et de frais généraux, tout devait paralyser le travail, diminuer l'activité créatrice de la société moderne. Or, les statistiques établissent que partout les échanges s'accroissent, que partout la masse des produits circulant grossit.

Dans l'Europe entière, dans cette France infortunée où la méchante Confédération du travail crée un état permanent d'insécurité et de désordre ; dans cette Allemagne où le socialisme monte d'un mouvement continu comme un flot irrésistible qui dépassera bientôt la hauteur des digues ; dans cette Angleterre surmenée d'agitations la législation sociale s'est développée depuis quelques années avec une intensité extraordinaire, et où les trade-unions aiguisent le méthodes de combat, partout le chiffre du commerce extérieur grandit. Partout les recettes des chemins de fer se sont accrues. En France l'exportation, surtout en objets fabriqués, est plus forte cette année de près de quatre cents millions.

Que signifient donc les doléances réactionnaires ? Comment les hommes de la contre-révolution expliquent-ils cette croissance de la production ? Et par quelles mains a été fabriquée la masse grossissante des produits ?

La vérité est que la production se développe d'autant plus que la classe ouvrière mieux organisée exigera des conditions de vie meilleures. Quand la paix armée ne gaspillera plus des milliards, quand tout le capital disponible sera employé à améliorer l'outillage, à féconder le sol, à capter les sources d'énergie qui jaillissent de la nature, quand la masse énorme des salariés aura conquis, pour la nourriture, pour le vêtement, pour le logement des conditions de vie supérieures, une force immense et permanente de consommation sera créée qui élargira la production. C'est en se haussant que la classe ouvrière soulève tout le système économique et social. Ceux qui, dans l'intérêt prétendu de la production, demandent aux travailleurs de se coucher ne sont pas seulement des égoïstes. Ce sont des ignorants, des routiniers et des barbares. Fortement assurée contre tous les risques, préservée par la limitation de la durée du travail, de l'exploitation épuisante, rendue capable, par une éducation plus fine, des besoins plus variés et plus nobles, fortifiée, dans sa puissance de consommation par de hauts salaires, associée tout entière à l'énorme plus-value sociale dont disposent trop exclusivement aujourd'hui des oligarchies, la classe ouvrière deviendra une puissance de progrès économique incomparable. Et les prophètes de ruine qui ont peur de la justice pourront déchirer leurs vêtements et couvrir leur tête de cendre. Le monde nouveau se rira de leurs lamentations.

III

L'Humanité du 2 janvier 1913

L'idée

L'unité coopérative est définitivement réalisée [1]. Le congrès de Tours qui vient de la sanctionner n'a pas été seulement excellent par l'esprit pratique, par le souci positif d'organisation. Il a été animé d'une belle inspiration morale ; et j'ai appris avec joie que tous les coopérateurs, ceux des coopératives neutres, comme ceux des coopératives socialistes, en rapportaient la même impression de confiance et de cordialité. Il n'y aura pas seulement unité formelle et extérieure, mais union loyale et joyeuse pour défendre la coopération contre la concurrence croissante du capitalisme commercial armé de méthodes nouvelles et aussi pour lui donner tout son sens social.

Quelques journaux modérés et conservateurs parlent avec mélancolie de l'unité coopérative. Ils essaient d'éveiller des inquiétudes dans l'esprit de ceux qui dirigent les coopératives neutres entrées maintenant dans l'organisation générale. La tentative est assez médiocre et elle n'aboutira pas. Tous les coopérateurs savent que le pacte d'unité coopérative sera respecté dans sa lettre et dans son esprit, qu'aucun effort ne sera fait pour en forcer le sens. Mais ils se souviennent aussi que quand, il y a près d'un siècle, l'idée de la coopération est née dans les cités industrielles, elle procédait du plus généreux idéalisme et se rattachait aux plus hautes espérances de justice sociale. Les premiers coopérateurs se proposaient d'éduquer le prolétariat, de l'habituer à la gestion de grands intérêts et de préparer ainsi la substitution d'un régime d'association au régime du salariat ; même dans les coopératives dites neutres, du moins dans les meilleures d'entre elles, ce noble esprit s'était maintenu. Et ceux des conservateurs sociaux qui avaient rêvé de faire de la coopération un moyen de combat contre le socialisme allaient contre la nature des choses, contre la tradition coopérative la plus pure et la plus forte.

La coopération a son œuvre propre à remplir, qui ne se confond avec l'action politique d'aucun parti, et qui est distincte de toutes les combinaisons électorales ; mais elle porte en elle la force d'une idée et il est tout naturel qu'autour de cette idée se soient groupés les coopérateurs socialistes qui conçoivent le socialisme comme une action continue et les coopérateurs vraiment fidèles à l'espérance première de la coopération, à sa pensée essentielle et à son esprit le plus haut.

Toutes les puissances d'idéal se détournent de la société présente. Elle résistera longtemps encore par sa masse, mais l'esprit de vie diminue en elle tous les jours.

(1) La Fédération nationale des coopératives de consommateurs est fondée lors du congrès d'unification réuni à Tours du 29 au 31 décembre 1912.

L'Humanité du 5 janvier 1913

Le réveil d'une loi

Un des traits les plus intéressants du vote émis à la presque unanimité par le conseil municipal de Paris au sujet des fortifications, c'est la disposition relative à la plus-value des terrains et des immeubles. La moitié de la plus-value acquise aux terrains et aux immeubles par le nouvel aménagement de toute la zone sera versée à la Ville de Paris. C'est l'application d'une loi votée sous le Premier Empire (1), mais que depuis un siècle la force de l'oligarchie bourgeoise et propriétaire avait tenue en échec.

Ah ! les lois ! Comme les classes dirigeantes savent les endormir d'un profond sommeil quand par hasard la légalité oblige les riches à quelque sacrifice ! Depuis plus de cent ans, le pays a été bouleversé et fécondé par de grands travaux publics, depuis plus de cent ans, le percement des rues, l'élargissement des avenues, la multiplication des moyens de transport ont fait affluer vers les possédants des richesses qui ne leur coûtaient aucun effort. Et la communauté a été frustrée de sa part légale dans la plus-value tout entière créée par elle. Ce scandale ne prend fin que parce que le Parti socialiste a pénétré en force à l'Hôtel de Ville. Il n'y est pas en majorité ; mais il a si souvent et si fortement protesté depuis des années, par Vaillant et par Brousse (2), par Veber et Landrin (3), par tous ses élus d'hier et d'aujourd'hui, contre la spoliation et la fraude qu'il a fallu enfin se souvenir que la loi de 1807 n'était pas abrogée.

Oh ! je sais bien que les propriétaires de terrains et d'immeubles vont tenter, par les procédés les plus subtils, d'atténuer les effets de cette disposition. Ils essaieront en tout cas, en manœuvrant les jurys d'expropriation et d'évaluation, de se dédommager le plus possible. Il faudra veiller, lutter, demander pour la ville des garanties nouvelles. Mais le droit de la communauté à une large part de la plus-value qu'elle crée est officiellement reconnu. Les effets de ce principe fécond se développeront nécessairement. Si le prolétariat voulait, s'il ne faisait point par son indifférence le jeu du privilège bourgeois, que de choses pourrait accomplir une politique vraiment socialiste, saisissant toutes les occasions d'introduire dans la réalité le droit nouveau !

III

(1) La loi du 16 septembre 1807 relative au « desséchement des marais » fixe les premières règles d'urbanisme et tente notamment, dans l'un de ses articles, de définir des règles de prélèvement de la plus-value après la vente des terrains. L'article en question n'est presque jamais appliqué.

(2) Paul Brousse, médecin psychiatre, militant révolutionnaire et anarchiste, puis penseur d'une révolution « possibiliste ».

(3) Adrien Veber, militant socialiste.

L'Humanité du 3 septembre 1913

L'explication syndicaliste

Villefranche-d'Albi [1]

À en croire un grand nombre de journaux, à lire leurs articles et leurs titres d'articles, on pourrait croire qu'il s'est produit, dans le syndicalisme français, une véritable révolution [2], un renversement et retournement complet des idées et des méthodes. La Confédération générale du travail serait passée du pur anarchisme au pur réformisme : « Orientation nouvelle - Changement de direction », voilà comment la plupart des journaux de la bourgeoisie caractérisent les décisions récentes des congrès ouvriers.

Et ce ne sont pas seulement les journaux français qui parlent ainsi. Le grand journal conservateur d'Angleterre, le *Times*, commentant dans un leading article les informations de son correspondant parisien, écrit les lignes suivantes : « Le récent changement de front qui s'est produit en France dans les syndicats a pour nous, en ce moment précis, un intérêt particulier. Le fait est que la grande organisation militante qui s'appelle la Confédération générale du Travail se détourne de la politique insurrectionnelle qu'elle a poursuivie depuis qu'elle est constituée sur ses bases actuelles et prend en main des questions pratiques affectant les intérêts immédiats du travail. Elle en est venue à reconnaître que ces intérêts ne sont pas servis par des démonstrations comme l'émeute antimilitariste qui a eu lieu samedi à Paris. La grève générale, qui depuis longtemps reculait vers l'arrière-plan, est maintenant hors de vue, et le sabotage, ou dommage capricieusement infligé aux employeurs, a été répudié. Même les grèves ordinaires ne sont plus recommandées comme une chose qui va de soi. La mesure particulière de réforme pratique sur laquelle doivent maintenant se concentrer les efforts est le demi-congé du samedi, connu sous le nom de semaine anglaise, et notre correspondant infère de la marche des récentes réunions de province que, pour l'assurer, on aura plus vraisemblablement recours à des moyens politiques qu'à une série de grèves. Tout cela indique que la fraction modérée qui a toujours existé à la Confédération du travail a prévalu à la longue. Il en a été ainsi par la logique des circonstances, comme le prédisaient les articles publiés par nous en 1909 sur le mouvement ouvrier en France et où le syndicalisme, maintenant familier à tous les esprits, était décrit pour la première fois aux lecteurs anglais. Il peut être intéressant de rappeler le passage : « Pour des motifs d'ordre général on peut attendre avec confiance que la politique de réforme pratique et de forte organisation syndicale prévaudra un jour sur le programme révolutionnaire, non pas par amour de la paix ou par égard pour la loi et pour l'ordre, mais simplement parce qu'elle est conforme à la nature des choses, et l'autre non. L'écrivain pensait qu'avant qu'on atteignît ce moment, il y aurait une grande période de trouble, de désordre et de désorganisation à traverser, quoique les matériaux pour un mouvement révolutionnaire n'existassent point. Cette vue s'est pleinement réalisée. La période de trouble et de désordre a suivi comme il convenait, mais sans la moindre tentative de soulèvement général, et maintenant le temps semble venir pour une politique pratique, quoiqu'il convienne d'être très réservé dans la prévision des résultats immédiats. »

Voilà donc comment les conservateurs européens, ceux du moins qui ont quelque étendue de curiosité et qui ont reconnu de bonne heure l'importance du syndicalisme français dans le mouvement social de l'Europe, interprètent le travail d'esprit qui se poursuit dans le prolétariat de France. Je crois qu'ils se trompent en plus d'un point, qu'ils exagèrent à la fois l'anarchisme d'hier et le réformisme d'aujourd'hui. Mais ce qui est certain, c'est qu'ils ont l'impression d'un changement sérieux. Cette impression est confirmée par les attaques mêmes des anarchistes qui, tout en désavouant avec force l'individualisme voleur et meurtrier qui a usurpé le beau mot de révolte, accusent le syndicalisme officiel de renoncer aux vigoureuses méthodes de violence et de tourner à un bureaucratisme centraliste et timide. Enfin, les dirigeants mêmes de la Confédération, dans le manifeste récent où ils définissent une fois de plus leur conception et leur méthode et où ils maintiennent la continuité de leur action, affirment bien haut, non sans noblesse, que le devoir d'une classe et d'une organisation de classe est d'être attentive aux leçons des événements, d'évoluer avec la vie elle-même et d'adapter ses moyens d'action et de lutte aux conditions changeantes de la réalité.

Que se passe-t-il donc ? Quel est le sens exact du mouvement qui se produit ? Ou plutôt quelle est la direction précise du mouvement qui se développait depuis quelques années et qui arrive maintenant à des formes plus définies, à une conscience plus nette de soi ? Je voudrais le rechercher avec le plus de précision possible et avec une sincérité absolue. Pour que l'action ouvrière atteigne le plus haut degré d'efficacité, il faut qu'elle atteigne le plus haut degré de clarté. Une méthode d'action et de combat ne peut produire tout son effet que si elle est parfaitement nette, et elle ne peut l'être que si on définit les doctrines dont elle procède et si on en précise par des exemples les applications possibles. Ce qu'il y a de plus intéressant et de plus important dans le mouvement ouvrier qui se continue depuis des années, c'est l'effort de sincérité avec soi-même comme avec les autres ; c'est le besoin croissant de dissiper les malentendus dangereux ; c'est le souci de dégager la vraie pensée ouvrière des fausses apparences, des déclamations superficielles qui trop souvent la recouvraient. Et c'est pourquoi ceux qui étaient dupes de ces apparences ou qui affectaient d'en être dupes, croient voir une rupture où il n'y a en réalité qu'une explication. Mais que la nécessité même de cette explication ait été reconnue, c'est un grand événement dont les conséquences seront profondes et vastes.

Elle n'aura toute son utilité et toute sa vertu que si elle est complète. Le dirai-je ? Ce que je reproche à la plupart des documents, articles ou manifestes écrits par les militants ouvriers, c'est qu'ils sont d'un style trop « savant », trop abstrait, trop idéologique. Certes, la facilité et la force avec lesquelles ils manient les idées générales attestent le progrès décisif de l'intelligence et de la culture ouvrières. Une classe est mûre pour son affranchissement quand elle sait s'élever au-dessus des détails incohérents et traduire en une langue exacte les pensées maîtresses qui dominent et dirigent sont action. Mais les formules trop générales et sommaires ne suffisent pas. Si tous, socialistes et syndicalistes, nous voulons dissiper enfin toutes les confusions et toutes les équivoques, au moins celles dont nous sommes pour une part responsables, il faut que nos explications soient complètes et concrètes. Il faut que nous procédions par des analyses poussées à fond et par des exemples précis.

III

(1) Jaurès écrit depuis Villefranche-d'Albi (aujourd'hui d'Albigeois), où se trouve Bessoulet, propriété de la famille de sa femme, où il passe en général les mois d'été.

(2) La transformation de la CGT devient de plus en plus visible après son congrès du Havre, qui s'est tenu en septembre 1912.

L'Humanité du 4 septembre 1913

Permanence et évolution

Villefranche-d'Albi

Pour mieux ajuster sa parole et sa pensée aux nécessités de la propagande, du recrutement, de l'action efficace, le syndicalisme français n'a besoin de modifier ni l'idée qu'il se fait de son objet ni sa méthode fondamentale. Nettement, consciemment, il reste le syndicalisme, c'est-à-dire un effort direct général et concerté de toute la classe ouvrière en vue de son émancipation intégrale. Il ne se laissera pas destituer de l'idéal révolutionnaire qui le hausse dès maintenant, en esprit, au-dessus de la société actuelle. Il ne consentira pas à se morceler et à se rabaisser en corporatisme. Ses déclarations à cet égard, celles d'aujourd'hui comme celles d'hier, sont catégoriques et sa volonté est certaine.

Ceux de ses militants qui en de récents congrès ont dit qu'il fallait se préoccuper davantage des intérêts corporatifs se sont servis, pour traduire une idée juste au fond, d'une expression inexacte. Ils voulaient dire que la classe ouvrière organisée devait consacrer une plus large part de sa force à ses intérêts économiques immédiats, relèvement des salaires, diminution de la journée de travail, hygiène de l'atelier, prévention des accidents, assurance contre le chômage et l'invalidité, etc., mais il n'y a pas une seule de ces questions qui, aujourd'hui, dans l'état du monde social, ait un caractère purement corporatif. Même quand c'est une seule corporation qui lutte pour son salaire, son succès a des conséquences indirectes mais certaines sur la condition générale du prolétariat qui s'appuie sur l'exemple de relèvements partiels pour hausser tout son niveau de vie. Même quand le problème de la durée du travail, journée de huit heures ou semaine anglaise, se pose dans des conditions diverses selon les diverses corporations qui sont à des distances inégales du but et dont l'outillage technique a plus ou moins de souplesse, c'est la même idée générale qui domine et conduit tous les efforts. C'est la même lutte qui, sur un terrain accidenté, développe l'unité de plan. Le progrès d'une fraction des travailleurs aide à la marche de l'ensemble. La force et l'élan de chaque syndiqué sont accrus du sentiment qu'il a de participer à un vaste combat, à la fois précis et étendu, où toutes les énergies de sa classe sont engagées.

Par là, par l'unité du mouvement ouvrier qui correspond à la concentration croissante du système social, l'action syndicale dépasse nécessairement en ampleur, en largeur, l'action corporative et l'esprit corporatif. On peut même dire que de grandes revendications comme la semaine anglaise n'ont de chance d'aboutir que si la lutte est conduite sur tous les points, dans toutes les professions industrielles et commerciales, par une action dont l'unité apparaîtra dans la diversité nécessaire des détails, dans l'inévitable variété des modes.

Comme il dépasse le corporatisme en largeur, le syndicalisme le dépasse en hauteur. Car il ne se propose pas seulement d'améliorer dans l'ordre actuel les conditions de vie de la classe ouvrière, il veut lui donner le désir et la force de transformer tout le système social, la capacité de gérer le monde nouveau où capitalisme et salariat auront fait place à la propriété commune, à la fois unie et fédérative, des moyens de production. Il veut que les salariés ne soient plus enfin des salariés mais des producteurs affranchis, dans une vaste coopération sociale de propriété et de travail. Et il rappelle sans cesse aux prolétaires, dans toutes leurs luttes, que progrès de bien-être, de sécurité, d'intelligence réalisés par eux n'ont pas seulement une valeur propre et immédiate : ils valent encore surtout parce qu'ils ajoutent à la force de combat et à la capacité de gestion de la classe ouvrière et préparent ainsi la suppression de la société présente, l'avènement et l'organisation de la société nouvelle.

L'organisation syndicale elle-même n'est pas seulement un instrument de lutte, un moyen de revendication immédiate. Elle a une double valeur d'avenir, une double valeur révolutionnaire, valeur technique et valeur morale. Techniquement elle est obligée, par les nécessités mêmes du combat, de se conformer à tous les mouvements de la production moderne, à toutes les distributions et à tous les groupements des forces productives. Par ses groupements professionnels et par ses groupements locaux, par ses fédérations d'industrie et ses unions départementales, le syndicalisme commence à préparer la chaîne et la trame de l'organisation sociale de la production. Et de plus, en habituant les salariés, dans tous leurs goupements fédérés, à l'action personnelle et solidaire, à l'initiative réfléchie et à la libre discipline, il développe les deux vertus qui sont le fondement nécessaire d'un ordre social de coopération où l'individu, le groupe et la société totale doivent s'harmoniser au plus haut point.

Ainsi pratiqué et animé de ce haut idéalisme révolutionnaire, le syndicalisme est, en effet, pour la classe ouvrière, un moyen d'éducation incomparable. Elle lutte pour l'avenir, mais dans les dures conditions que lui fait la réalité présente. Ainsi, d'une part, la révolution sociale a pour elle un sens concret et profond. Il faut qu'elle soit l'affranchissement réel, la garantie positive et substantielle du libre développement de tous les individus. Et, d'autre part, c'est bien l'activité personnelle des prolétaires qui est encouragée et excitée au plus haut degré. Les demandes qu'ils formulent se rattachent bien à un plan d'ensemble, à une idée : mais, si je puis dire, elles ne se posent point dans l'abstrait. C'est de l'expérience directe des douleurs, des difficultés, des servitudes qui pèsent sur eux que procèdent leurs revendications les plus pressantes. C'est en conformité d'un idéal qu'ils agissent : mais ce sont les exigences de la vie qui suscitent et déterminent leur action. Et quand il faut livrer combat, c'est de toute leur personne qu'ils y sont engagés. Il faut qu'ils calculent toutes les forces, toutes les chances bonnes ou mauvaises. Il faut qu'ils mettent en balance le gain qu'ils peuvent réaliser, les sacrifices qu'ils doivent imposer à eux et à leurs familles. Il faut qu'ils mesurent leur capacité de résistance personnelle, la force du lien de solidarité qui unira les prolétaires dans le conflit, la capacité de résistance collective des travailleurs, la puissance dont dispose l'adversaire. Vainqueurs, il faut qu'ils ne se laissent pas emporter à des prétentions démesurées qui compromettraient leur succès de la veille. Vaincus, il faut qu'ils ne fléchissent pas, qu'ils ne se découragent pas ; il faut qu'ils sauvent au moins l'organisation, qu'ils rallient les forces les meilleures sous ce vent de la défaite qui disperse les hommes après les avoir courbés. Quel dur apprentissage de la vie libre et solidaire de l'avenir ! Quel terrible alphabet de vérité sociale à épeler chaque jour ! Quelle éducation directe et forte du sens de l'action et du sens des responsabilités, du courage et de la prévoyance !

Voilà l'autonomie essentielle du syndicalisme. Cette autonomie nécessaire, ni la participation des individus syndiqués à l'action politique de leur choix ni même la libre et sympathique coopération du syndicalisme et du socialisme, à certaines heures et pour certains objets, ne peuvent la compromettre.

Il faut qu'aucune combinaison ne la menace ou ne l'obscurcisse. Demain, comme hier, le syndicalisme est pleinement résolu à sauvegarder la spontanéité profonde de son action, l'indépendance absolue de ses décisions et de ses mouvements, comme il est résolu à tenir l'idéalisme révolutionnaire, qui dépasse et déborde infiniment le corporatisme.

Mais s'il a toujours le même objet supérieur, s'il a toujours aussi la même volonté d'autonomie complète, en quoi consiste le changement dont on parle ? Quel peut être le sens de cette évolution dont les militants syndicalistes eux-mêmes reconnaissent l'incessante nécessité ? Y aurait-il un changement dans les méthodes ?

III

L'Humanité du 5 septembre 1913

La méthode d'action

Les adversaires de la classe ouvrière, du syndicalisme et du socialisme, sont toujours également perfides dans leurs grossières contradictions. Il y a quelques semaines, quand ils voulaient affoler le pays pour enlever le vote de la loi de trois ans, quand ils voulaient surtout faire peur à la majorité radicale hésitante en représentant qu'elle allait être la complice du socialisme qui lui-même était le complice et l'esclave du syndicalisme le plus anarchiste, ils exploitaient contre le prolétariat les violences de parole de quelques militants, les bravades de quelques formules simplistes ou incomplètes. Ils ignoraient délibérément l'immense effort d'éducation, d'organisation qui se continuait depuis des années par les syndicats et dans les syndicats. Ils ne tenaient aucun compte des nobles inspirations civilisatrices qui avaient animé le grand congrès corporatif de Bordeaux, le congrès confédéral du Havre. Ils prétendaient ne voir dans le syndicalisme qu'une force d'agitation furieuse et destructrice.

Maintenant, c'est une autre chanson qui sonne la cloche. Ils savent en eux-mêmes que la vérité se fera jour. Ils savent bien que la vraie pensée de la classe ouvrière militante apparaîtra. Ils constatent l'effort continué et tous les jours plus net du syndicalisme pour dissiper les malentendus, pour dégager la pensée révolutionnaire profonde et l'action organique du prolétariat des outrances qui la violentaient ou des survivances verbales d'anarchisme incohérent qui la faussaient. Ils comprennent qu'il ne leur sera plus aussi facile demain, pour leur entreprise abominable de réaction politique et sociale, cléricale et militaire, de troubler les consciences et d'égarer les esprits. Et alors, pour diminuer l'efficacité, la valeur morale et sociale de l'oeuvre de clarté que poursuit le prolétariat, les conservateurs recourent à une tactique nouvelle et à des mensonges nouveaux.

Ou bien ils insinuent que cette sagesse est un effet de la peur, que les militants syndicalistes ont été, suivant le mot du *Temps*, « intimidés » par les odieuses et ridicules poursuites engagées récemment [1]. Ils espèrent bien ainsi rendre plus difficile le travail d'éclaircissement commencé depuis des années, et dont la continuité les effraie, dont la vigueur croissante les épouvante. Ou bien ils essaient d'encourager les réacteurs de toute nuance à de nouvelles entreprises contre la démocratie républicaine, contre tout ce qui palpite encore d'esprit moderne dans l'armée ou dans l'école, en leur persuadant que le syndicalisme est à bout de souffle, qu'il est incapable désormais de toute grande audace et de toute grande action, qu'il est réduit à se coucher dans un réformisme timide et à se rabattre sur des questions pratiques sans aucune signification révolutionnaire.

Mais quoi ! est-ce que c'est d'aujourd'hui seulement ou d'hier que le syndicalisme propose à l'effort de la classe ouvrière un objet immédiat et précis ? Toujours il a dit aux prolétaires que leur action devait se poursuivre jusqu'à leur émancipation intégrale, jusqu'à l'abolition complète du capitalisme et du salariat ; et toujours il leur a montré, au terme d'une longue série d'efforts et de combats, pour compléter la libération et pour achever la conquête, « la grève générale expropriatrice », qui correspond, dans l'ordre de l'action directe et syndicale, à ce que sera, dans l'ordre politique, l'acte suprême du prolétariat maître du pouvoir et complétant par un système juridique nouveau la socialisation de la propriété commencée déjà et poussée très avant en une série d'institutions progressives. Mais toujours aussi le syndicalisme, en même temps qu'il montrait le but suprême, insistait sur la nécessité de l'action continue pour des objets immédiats.

C'est par là que se fait l'éducation de la conscience ouvrière. C'est par là que l'idéal d'une vie plus haute, progressivement réalisé, devient sensible aux esprits les moins capables de vues d'avenir. C'est par là, selon une expression familière aux militants syndicalistes, que cet idéal se « matérialise », et entre dans la réalité quotidienne. C'est par là aussi que les prolétaires moins ignorants, moins accablés, s'appuyant sur un niveau de vie plus élevé, peuvent procéder à des conquêtes plus difficiles et former des espérances plus hautes.

Voilà le langage que le syndicalisme n'a cessé de tenir, voilà la formule d'action qu'il n'a cessé de proclamer dès l'origine. Et quand il conseille aujourd'hui aux prolétaires de concentrer leur effort immédiat sur la semaine anglaise (2), qui est pour ainsi dire au point de convergence de deux grandes questions et qui assurera à la fois une diminution de la durée du travail et la consolidation du repos hebdomadaire, il se conforme à sa tradition la plus certaine, la plus constante. Qui donc vraiment peut voir là une abdication ou un affaiblissement de ce grand esprit révolutionnaire de transformation intégrale qui est le principe de l'action enthousiaste et hardie ? Si les réacteurs croient que de ce travail d'examen, de discipline intellectuelle et d'organisation plus cohérente auquel le syndicalisme se livre, la classe ouvrière sortira débilitée, absorbée à ce point par de menues besognes qu'elle n'aura plus ni regard pour interroger au loin l'horizon ni audace pour résister aux attentats du pouvoir, aux entreprises militaristes et aux sinistres aventures guerrières, ils se trompent étrangement. C'est au contraire pour donner plus de force et d'efficacité à cette grande action qu'il affermit son organisation, précise sa pensée et s'efforce de dissiper les malentendus qui pouvaient restreindre son recrutement et diminuer son autorité morale sur l'ensemble des travailleurs et sur la nation elle-même. Le péril n'est pas pour lui, pour la vigueur et l'ampleur de son action révolutionnaire, qu'il accomplisse cette oeuvre de clarté, de définitions, d'organisation des forces et d'organisation des idées. Le péril serait que, troublé par les attaques des uns et les perfides commentaires des autres, il s'y livrât timidement et incomplètement.

Après tout, il peut procéder à cette œuvre critique et mettre à profit les leçons de l'expérience sans rien renier de la période difficile et tourmentée qu'il a traversée et qui a eu son efficacité et sa grandeur. Quelles qu'aient été les conséquences matérielles immédiates des grèves des services publics, quelles qu'aient été les vicissitudes et les douleurs de la grève des cheminots, la preuve que ces grands mouvements sont possibles constitue un événement social de premier ordre et dont les effets profonds sont indestructibles. Il y a là pour les gouvernements, pour les classes dirigeantes un avertissement qui ne disparaîtra plus. *Le Temps* lui-même reconnaissait, à propos du congrès international des transports, que bien des choses ont apparu depuis quelques années qu'on aurait tout récemment encore jugées impossibles. Si les dirigeants, par leurs folies intérieures et extérieures, créaient dans les masses un état d'esprit révolutionnaire et un malaise violent dans les nations, ils s'apercevraient sans doute que les prolétaires n'ont pas commencé en vain l'apprentissage de moyens nouveaux de protestation et de combat. Mais la force même de ces mécanismes et l'effet formidable qu'ils peuvent développer ne leur permettent d'agir que s'ils sont appuyés et assurés sur une base résistante et large. Ou plutôt une double force est nécessaire. Il faut au prolétariat, pour ces actions suprêmes, l'appui d'une organisation solide et massive, l'appui d'une grande partie de l'opinion publique et de la démocratie ramenée à lui par une définition plus exacte de son idéal, débarrassé de tous les mélanges troubles.

C'est à cette œuvre d'éclaircissement et de coordination que cède à cette heure le syndicalisme français. Le mouvement produit en lui n'est ni un changement de but et d'objet, ni un changement essentiel de méthode. Il travaille à guérir, sans rompre la continuité de son action et sans abaisser son idée, le vrai mal dont il souffre. Et ce mal, c'est la contradiction multiple, énervante, paralysante entre sa pensée vraie, organique et profonde et certaines formules ou équivoques ou basses qui obscurcissent ou ravalent son idéal, déconcertent son action, réduisent son recrutement, lui ferment le chemin d'innombrables esprits et d'innombrables consciences.

Ces contradictions, je veux les analyser et les mettre en pleine lumière. L'effort essentiel et spontané du syndicalisme depuis plusieurs congrès est de les éliminer et de les résoudre. Mais il est l'intérêt de tous et du Parti socialiste notamment, qui a lui aussi examen à faire, qu'elles soient le plus possible précisées. J'y vais contribuer pour ma part, dans la mesure de mes forces.

(1) La participation très active de la CGT aux mouvements contre la loi des trois ans, ainsi lors du 1 mai 1913, ou encore lors de la manifestation monstre qu'elle organise avec l'Union des syndicats de la Seine le 13 juillet, a entraîné l'arrestation ou des poursuites contre un certain nombre de militants.

(2) Depuis 1912, la CGT concentre une partie de ses revendications sur l'obtention de la « semaine anglaise », soit l'arrêt du travail du samedi à midi au lundi matin.

L'Humanité du 11 septembre 1913

Le syndicalisme contre le sabotage

Voilà donc à peu près close, pour cette année, la série des congrès ouvriers. Ils ont été d'une importance capitale. Les travailleurs organisés ont procédé à un examen sérieux, à une vérification de leurs méthodes. Ils se sont demandés comment ils pourraient élargir leur recrutement, quelle serait la meilleure application de leur force. Il leur est apparu évidemment que des fautes et des erreurs ont été commises. Les apercevoir, c'est déjà dans une large mesure les réparer.

Ce qui est clair tout d'abord, c'est qu'il y a urgence à dissiper les malentendus. En voici un premier et saisissant exemple. Au fond, dans tout ce qu'il a d'essentiel, le syndicalisme répugne au sabotage [(1)].

Je peux l'établir sans peine, et quand j'aurai démontré en outre que le sabotage ouvrier, en fait, n'existe pas et qu'il est à peu près impossible aujourd'hui, la question se posera :

Comment les réacteurs ont-ils pu persuader une grande partie du pays que la Confédération générale du travail n'était en effet qu'une école théorique et pratique du sabotage ? Et d'où vient cette funeste confusion de pensée ?

Une des idées les plus familières aux militants syndicalistes, un des thèmes sur lesquels les plus révolutionnaires d'entre eux insistent le plus, c'est qu'il faut développer la production ; c'est que l'accroissement des forces productives importe au plus haut point, non seulement à la civilisation humaine, mais au prolétariat. Partout où il a écrit, journaux ou revues, partout où il a parlé, Griffuelhes a développé cette idée avec force [(2)]. Dans la période la plus tourmentée de sa vie militante, au moment même où il était dénoncé avec le plus de violence par la presse bourgeoise, il ne cessait de dire que sans une production intense il n'y avait pas de syndicalisme vigoureux.

Ou plutôt il démontrait que la force de la production et la force du syndicalisme étaient corrélatives l'une à l'autre, qu'elles agissaient réciproquement l'une sur l'autre. Une production industrielle puissante et progressive excite les énergies et les revendications des ouvriers ; d'abord parce que dans les entreprises plus vastes et plus actives ils sont groupés en plus grand nombre ; puis, parce qu'il y a dans la richesse brute accrue une plus abondante matière à revendication ; enfin parce que les capitalistes chefs d'industrie et les salariés, malgré leur antagonisme fondamental, sont enveloppés dans la même atmosphère, emportés dans le même mouvement, et que le rythme énergique de la vie industrielle, l'audace de l'essor économique se communiquent aux prolétaires eux-mêmes.

Réciproquement, une classe ouvrière active, organisée, exigeante, ambitieuse est un perpétuel et nécessaire aiguillon pour les capitaines d'industrie. Elle les oblige à chercher leur salut, leur prospérité, leur grandeur, non dans une exploitation sordide de la force du travail qui sait se défendre, mais dans l'incessant progrès technique. Et en même temps, par l'accroissement de sa puissance de consommation, elle équilibre la production grandissante en élargissant le marché intérieur.

Encore une fois, voilà ce que Griffuelhes n'a cessé de dire depuis des années, avec la plus remarquable insistance, sachant bien s'agissait là d'une des idées essentielles du syndicalisme, une de celles qui commandent toute l'action et qui déterminent les méthodes.

Merrheim [3], de son côté, mettait en lumière, par la plus sérieuse documentation, en même temps que les convoitises, les intrigues et les usurpations du capitalisme, ses ignorances, ses lenteurs, ses gaspillages de tout ordre. Et c'est aussi un des points essentiels de la propagande de Jouhaux. Il ne cesse de répéter au nom du syndicalisme à la bourgeoisie française : c'est vous qui stérilisez les énergies et qui laissez en sommeil les forces de la nature et de la vie. C'est vous qui n'avez qu'une production languissante ; vos méthodes surannées, vos mécanismes sont vieillis ; vous avez peur du progrès du prolétariat et de ses revendications parce que vous-mêmes êtes incapables de l'esprit de hardiesse et de création. Vous ne savez ni susciter des entreprises nouvelles ni agrandir et renouveler les entreprises sur le modèle que fournit l'audacieux capitalisme allemand ou l'audacieux capitalisme anglais. Vous exaltez la patrie ; vous voulez sauvegarder l'intégrité nationale ; et au lieu d'être, sur la terre de France, des créateurs de richesse, au lieu d'appliquer vos capitaux à faire jaillir du sol français le travail et la vie, vous êtes trop souvent les rentiers inertes de la production cosmopolite. Vous cherchez un placement oisif et à demi fructueux dans des entreprises lointaines créées et dirigées par d'autres. Réveillez-vous enfin et osez ; osez pour vous-mêmes, osez pour le prolétariat de France qui est par ses revendications énergiques, une force de progrès dont la routine seule s'épouvante.

Voilà la doctrine économique du syndicalisme ; voilà le langage qu'il tient aux classes dirigeantes de notre pays. Mais qui ne voit que c'est l'antipode même du sabotage ? Si le sabotage était vraiment pour le syndicalisme une méthode de revendication et de combat, si le sabotage était, pour les ouvriers, non un accident de violence, mais un système ; si, dès qu'un conflit éclate, il se traduisait par la destruction des mécanismes et si, dans l'intervalle des conflits il y avait dégradation de l'œuvre, diminution délibérée de la qualité et de la quantité du travail, ce serait vraiment une dérision de dire à la bourgeoisie : organisez et perfectionnez la production pour que nous travaillions à la détériorer et à la perdre. Installez des mécanismes nouveaux pour que nous les faussions ; creusez le sol et ouvrez des sources abondantes de richesse pour que nous puissions ou les obstruer par de lourdes pierres ou les ensabler d'innombrables paresses et négligences de détail. Ce serait une lamentable hypocrisie. Et ce serait en même temps le calcul le plus funeste. Car si le syndicalisme ne peut s'accroître et se fortifier que par la croissance de la production, ce serait travailler contre le syndicalisme que de défaire ce qu'aurait fait le patronat. Ce serait payer bien cher, par le déclin, la langueur et le découragement de l'industrie, un avantage d'un jour ou la pauvre satisfaction d'une vengeance sournoise. Le sabotage ouvrier, s'il était autre chose qu'un mot, serait la fin du syndicalisme comme de l'industrie, ou tout au moins l'arrêt du syndicalisme comme de l'industrie.

Il n'y a pas de doctrine révolutionnaire, même celle de l'expropriation finale et de l'entière socialisation, qui puisse décourager et détourner de leur œuvre les vrais chefs d'industrie, ceux qui ont une âme ardente de progrès et de conquête. Ils savent que, sous la diversité des formes sociales, leur œuvre subsistera. Ils savent que ce qui les attend, eux ou leurs héritiers et continuateurs, ce n'est pas une révolution destructrice, mais une révolution transformatrice. Leur effort ne sera pas perdu pour eux-mêmes dans l'avenir, car ils seront d'autant plus assurés dans les transactions et compensations sociales qu'ils auront réalisé une œuvre plus solide et plus vaste et qu'ils auront fait preuve de force organisatrice et directrice. Ils savent aussi que leur effort ne sera pas perdu pour la communauté humaine dont ils auront agrandi le patrimoine et haussé le niveau. Dès maintenant ils ont la joie de créer une œuvre vivante et impérissable. La grève non plus, même vigoureuse, même passionnée, même irréductible, n'est pas pour les rebuter. Ils savent bien que, dans le monde économique dont ils sont les dirigeants, dans la société encore barbare fondée sur la lutte des classes, la grève est le seul moyen dont disposent les ouvriers pour faire sentir leur force, reconnaître leur droit et progresser leur condition. Mais elle suspend l'activité, elle ne la détruit pas. Si elle immobilise les mécanismes, elle ne les fausse pas. Si elle ajourne le travail, elle ne le corrompt pas. L'industrie peut donc se développer et elle se développe, en effet, dans le dur conflit social. Elle peut progresser et elle progresse, en effet, avec le syndicalisme le plus vigoureux, en proportion même de la vigueur du syndicalisme. Mais ce qui serait accablant pour ces forces de production, d'initiative et de progrès industriel que le syndicalisme sollicite d'un cri ardent, ce serait de se dire qu'à mesure qu'une œuvre de progrès s'accomplit, elle est menacée, ou bien de destruction brutale au premier choc social, ou bien d'une sorte de rongement et de grignotement innombrable et obscur. Voilà où serait pour la force vitale et progressive de l'industrie le poison terrible, tantôt foudroyant, tantôt lent, toujours mortel.

Et c'est pourquoi, quand le syndicalisme fait appel aux progrès de l'industrie, aux forces de production, il condamne par là même toute méthode de sabotage. Et si le sabotage ne peut pas être méthode, s'il ne peut pas être appliqué largement, délibérément, s'il ne peut être qu'une pratique restreinte, accidentelle, qu'on pourra se permettre que çà et là, à la dérobée, petitement, et en redoutant toujours les effets pour la classe ouvrière elle-même, est aussi ridicule dans ses résultats que misérable dans son idée. Ainsi, en condamnant le sabotage comme méthode, le syndicalisme condamne nécessairement tout sabotage.

Mais ce n'est pas seulement par sa théorie de la production du mouvement ouvrier lié à la production que le syndicalisme se prononce contre le sabotage. Il l'a écarté encore par des manifestations de pensée et de sentiment d'une valeur définitive et d'un intérêt émouvant.

(1) La pratique du sabotage a été adoptée comme moyen potentiel d'action par la CGT en 1897-1899, sous l'impulsion de certains syndicalistes révolutionnaires, notamment Émile Pouget.

(2) Victor Griffuelhes (1874-1922), l'un des représentants majeurs du syndicalisme révolutionnaire au sein de la CGT et son secrétaire de 1901 à 1909.

(3) Alphonse Menheim (1871-1925), chaudronnier en cuivre, syndicaliste révolutionnaire, dirigeant de la Fédération des métaux à la CGT.

L'Humanité du 18 septembre 1913

Le sabotage impossible

J'ai montré que le syndicalisme, par son essence même, répugne au sabotage. J'ai montré que par son appel au développement des forces productives, par son effort pour relever la valeur professionnelle des salariés et la qualité de la production moderne, il est la négation même du sabotage. Enfin j'ai constaté qu'en fait le sabotage ouvrier n'existe pas. Non que j'aie la puérilité ou l'hypocrisie de prétendre qu'il n'y a eu aucun acte individuel de sabotage. Mais j'ai le droit de dire que c'est un fait minuscule et négligeable dans l'immense mouvement de la production moderne tous les jours plus ardente, plus intense et plus vaste. J'ai le droit de dire que c'est un moyen minuscule et négligeable dans l'immense combat organisé que conduit le prolétariat. Je veux ajouter aujourd'hui et démontrer sommairement que le sabotage ouvrier est impossible.

Il l'est d'abord parce que la méthode du sabotage est condamnée à une contradiction insoluble. Si elle était appliquée vraiment et à fond, elle aboutirait à des actes de destruction brutale qui auraient pour effet de supprimer les instruments de travail et ainsi, de paralyser le travail lui-même, ou de mettre en péril des milliers d'existences humaines et de provoquer contre la classe ouvrière, avec les plus terribles répressions pénales, les colères implacables de l'opinion et les révoltes de la conscience. Si les mécanismes sont détruits, si les machines sont brisées, si les usines sont incendiées, si l'aiguillage des voies ferrées est faussé, si les ponts sont minés ou rompus, si les fils commandant les signaux sont coupés, si des sections de rail sont enlevées, si les matières alimentaires sont empoisonnées, si du verre pilé est mélangé au pain, des catastrophes se produiront. D'une part, la production sans laquelle le syndicalisme ne peut se développer sera atteinte. D'autre part, il y aura des milliers de victimes innocentes. La Révolution sociale apparaîtra comme un déchaînement de sauvagerie, et les organisations ouvrières seront balayées par une tempête d'indignation. Même les hommes qui ne sont pas directement en conflit avec le prolétariat prendront parti contre lui, et il subira le pire désastre.

Les très rares théoriciens ou propagandistes du sabotage l'ont bien compris. Et ils conseillent, dans l'emploi de la méthode, toutes sortes de ménagements. L'un d'eux, par exemple, conseillait en cas de grève des cheminots d'immobiliser les machines, mais d'éviter « tout acte de destruction imbécile ». Mais quoi ! s'il ne s'agit pas de destruction, s'il s'agit seulement d'un truc qui arrête un moment le mécanisme, en quelques jours, sinon en quelques heures, il y sera pourvu. Ce qui aura été détraqué sera réparé : et l'opération sabotage sera à peu près inoffensive pour l'adversaire. Mais elle gardera pour les ouvriers eux-mêmes tous ses périls de tout ordre.

Un autre doctrinaire du sabotage recommandait de s'en tenir aux actes qui pourraient blesser le patronat, et d'éviter tout ce qui pourrait atteindre les consommateurs. Ainsi il s'élevait avec indignation contre l'idée de mettre du verre pilé dans le pain ; mais il indiquait qu'on pourrait bien arroser de pétrole les plaques de four, ce qui donnerait au pain, pour trois mois au moins, le goût de pétrole. Mais s'il y a une grève générale des boulangers dans une région, ou bien ce doux arrosage ne sera pratiqué que sur un petit nombre de fours. L'ensemble du patronat ne sera pas atteint et le procédé sera odieux sans être efficace. Ou bien tous les fours seront arrosés et c'est le public qui sera condamné pendant trois mois au moins après la grève à savourer du pain au pétrole.

Toute cette casuistique du sabotage est donc vaine. Ou il sera une méthode de destruction sauvage, poussant hardiment sans calcul des conséquences, ou il ne sera qu'une taquinerie tâtonnante et effrayée. Dans les deux cas, il est impossible. Et voilà pourquoi, comme méthode de violence, il n'est point passé dans les faits. Que serait d'ailleurs une méthode qui, même en s'appliquant, aurait sans cesse peur d'elle-même et s'interrogerait à toute minute sur la limite qu'elle ne peut pas dépasser ? Bien loin de susciter l'élan de combat elle développerait un esprit de doute, de malaise, de perpétuelle contradiction.

Ce qu'il y a de curieux, c'est que la méthode du sabotage est celle qui aurait le plus de besoin d'être contrôlée pour que la violence contre le patronat ne dégénère pas en destruction inutile et funeste ou en attentat contre les consommateurs. Et c'est précisément la méthode qui, par sa nature même, échappe le plus au contrôle; elle ne peut être pratiquée qu'obscurément, sournoisement, en une série d'actes individuels qu'aucune force organisée ne surveille et ne règle.

Quant à certaines pratiques de malfaçon, lenteur systématique et outrée [1], ou mauvaise exécution volontaire du travail, elles ne peuvent prendre à des proportions étendues. Si elles étaient générales et constantes, elles dégraderaient la valeur technique de l'ouvrier. Elles gâteraient son habileté professionnelle. Elles ravaleraient son rang dans la civilisation humaine. Elles abaisseraient sa force morale et, par conséquent, sa force révolutionnaire de protestation et de revendication. Et pratiquement, techniquement, comment ce procédé de sabotage serait-il applicable dans le monde moderne ? Appliqué au travail à la journée fait surtout à la main, il aboutirait bientôt à renforcer la discipline patronale sur les chantiers et à soumettre le travail manuel lui-même à des règles mécaniques. Là où la machine gouverne, il est impossible que l'individu se soustraie à son rythme. Et pour le travail à la tâche, l'ouvrier ne peut en diminuer la quantité ou la qualité sans se frapper lui-même, sans diminuer son alaire. Pouget disait : pour le travail à la tâche, il sera impossible à l'ouvrier de diminuer la quantité, puisque c'est lui qui en pâtirait. Mais il diminuera la qualité. Et comment cela, je vous prie ? Là encore il se frapperait lui-même. Si les bouteilles du souffleur sont mal faites, elles seront mises au rebut. Si la houille du wagonnet est mêlée de terre ou de pierre, il y aura, au moment du compte, une déduction. Si le mécanicien arrive en retard, il perdra sa prime et subira une retenue. Par la méthode du sabotage les salariés engageraient la lutte dans les conditions les plus défavorables, sur le terrain même de l'atelier à l'état dispersé, et en se meurtrissant eux-mêmes dans leur dignité, leur habileté et leur salaire.

Un des vices essentiels de cette pseudo-méthode, c'est qu'elle substitue l'action occulte, individuelle, sournoise, incontrôlable à l'action publique et collective. Par son caractère inorganique et dégradant elle est contraire à l'esprit même du syndicalisme et du socialisme. En conseillant, sous des prétextes révolutionnaires, des pratiques qui peuvent procéder de l'esprit de révolte aveugle, mais qui peuvent procéder aussi des vices les plus méprisables, de la fainéantise, de la maladresse, de l'incapacité, de l'improbité, elle s'expose à produire un mélange informe et indiscernable de vice et de révolution. Elle détourne les ouvriers de l'organisation : car s'il suffit pour vaincre le patronat de quelques malfaçons ou de quelques tours de main immobilisant les machines, à quoi bon constituer des syndicats puissants ? À quoi bon avoir des caisses de grève ? Quelques trucs de mécanicien ou d'électricien suffiront à assurer la victoire. La solidarité des travailleurs aussi est rompue et la réciproque confiance est menacée. Car toute méthode d'action occulte fait nécessairement germer les provocateurs et les délateurs. La grande action collective qui est la seule force et la seule sauvegarde du prolétariat est disloquée, émiettée. Ce sont des actes individuels et d'origine obscure, ce sont des responsabilités individuelles aussi qui prennent la place des larges combats que donne le prolétariat organisé.

Comme elle est contraire au syndicalisme et au socialisme, la méthode du sabotage, sournoise, trouble et déprimante, contraire à l'anarchisme en ce qu'il a de plus noble. Ce qu'il y a de meilleur en lui, c'est le souci de la valeur individuelle de l'homme, que la pratique systématique du travail mal fait abaisse et corrompt. C'est aussi le fier esprit de révolte. Les théoriciens de la révolte anarchiste justifient les actes de violence en disant que par l'énergie et le courage dont ils témoignent, ils communiquent de la vigueur et de l'élan aux masses inertes et peureuses. Mais la malfaçon obscure, sournoise, où l'ouvrier trompe petitement sur la qualité de son travail comme un épicier malhonnête qui ferait faux poids, n'a vraiment rien de cette vertu d'entraînement, cette force de propagande et d'excitation révolutionnaire. C'est un compromis bâtard, stérile et louche entre la protestation ouvrière et la plus mesquine tricherie bourgeoise.

Et de quel penseur anarchiste cette triste méthode pourrait-elle se réclamer ? J'ai à peine besoin de dire qu'elle aurait fait horreur à Proudhon dont elle dément toute la doctrine économique et toute la morale. C'est de tout autre façon que Bakounine entend la violence et la révolte. Je ne trouve dans toute l'œuvre révolutionnaire de Kropotkine qu'une allusion à ce qu'on appelle aujourd'hui le sabotage, à la pratique du go canny [(1)], du travail lent de certaines catégories d'ouvriers anglais [(2)]. Pratique aujourd'hui surannée et la mention de Kropotkine remonte à 1885. Il n'en parle d'ailleurs que pour montrer les effets déprimants du régime du salariat qui diminue la production en diminuant l'ardeur au travail. Et c'est dans son livre un argument contre le capitalisme. Ce n'est pas la formule d'une méthode révolutionnaire. Tout l'anarchisme épris d'absolu, de culture personnelle, de liberté, de courage, de dignité, de civilisation rejette le sabotage comme le syndicalisme et le socialisme le rejettent.

Techniquement, moralement, révolutionnairement, le sabotage ouvrier est donc une impossibilité. Nous pouvons dire avec certitude, non seulement qu'il n'est pas, mais qu'il ne sera jamais.

(1) Expression écossaise qui désigne le fait de « ne pas trop en faire ».

(2) Le penseur libertaire Pierre Kropotkine se délecte de « la terreur provoquée parmi les industriels anglais lorsque quelques agitateurs se sont mis à prêcher la théorie du go-canny, « à mauvaise paie, mauvais travail, filez à la douce, ne vous esquintez pas, et gâchez tout ce que vous pourrez ! ».

L'Humanité du 22 septembre 1913

L'origine

Villefranche-d'Albi

Jouhaux disait l'autre jour, commentant la résolution d'un congrès récent : « Le syndicalisme se suffit à lui-même mais il ne suffit pas à tout ». La formule est vraie, si on n'en prend pas tous les termes à l'extrême rigueur. Les théologiens et métaphysiciens disaient que « Dieu seul se suffit à lui-même, parce qu'il est l'Être infini et absolu ». Dans le vaste monde de l'expérience, dans la nature illimitée, il n'y a pas une seule force qui ne soit en liaison avec d'autres forces ; tout système est solidaire d'autres systèmes ; toute combinaison est déterminée, maintenue et dissoute par des influences extérieures ; tout organisme est enveloppé par un milieu. Ce qui est vrai du monde de la nature est vrai aussi du monde social qui n'est d'ailleurs, en un sens, qu'une sphère de la nature elle-même. Le syndicalisme a puisé à des sources de pensée qui lui préexistent et qui même se sont élargies en un vaste fleuve bien avant qu'il se formât. Il est pour sa part l'héritier de toute une tradition socialiste et révolutionnaire. Et aujourd'hui même, il ne peut grandir que dans un milieu social déterminé, dans une société active, productive, toute remuée par les forces de la science et de la démocratie, toute pénétrée des lumières de la pensée moderne. Il est vrai, cependant, si l'on dépouille les mots d'un sens absolu qu'ils ne peuvent avoir, que le syndicalisme se suffit à lui-même. Il est et il doit être une force autonome, qui ne prend son mot d'ordre dans aucune organisation extérieure et qui interprète directement les besoins, les volontés de la classe ouvrière, dont la substance même est en lui. Il a marqué d'un caractère propre et original la grande idée socialiste d'émancipation intégrale des travailleurs lui suffit, en effet, pour concevoir cette émancipation complète, de supposer sa propre force développée jusqu'à l'extrême limite. Du moment qu'il n'est pas une organisation étroitement corporative, du moment que son organisation professionnelle est en même temps une organisation de classe groupant toutes les catégories de travailleurs dans une aspiration commune et dans un commun effort, il ne peut s'arrêter dans son combat que quand il aura conquis sur le capital toute la part de produits que celui-ci s'arroge, toute la puissance de direction oligarchique qu'il exerce. L'effort ouvrier, par cela seul qu'il est l'effort ouvrier total, tend donc invinciblement vers la suppression du salariat. Ainsi le socialisme révolutionnaire semble naître de l'action prolétarienne elle-même, condensée dans le syndicalisme. Le syndicalisme n'en a pas créé l'idée, mais il la renouvelle et la vivifie par la force toujours renouvelée du mouvement ouvrier lui-même.

Mais beaucoup des militants qui ont depuis dix-huit années organisé et dirigé le syndicalisme ne se sont pas bornés à penser et à dire que le syndicalisme se suffit à lui-même. Ils ont pensé, ils ont dit qu'il suffisait à tout. De la formule prononcée par Jouhaux, l'autre jour, ils prenaient la première partie, en en forçant le sens ; et ils renversaient la seconde. Il ne leur suffisait pas de constituer le syndicalisme à l'état de force organique et distincte, ayant son idée et sa méthode. Il ne leur suffisait pas de le constituer à l'état de puissance autonome, pleinement indépendante du socialisme politique et travaillant librement, par ses moyens à elle, par ses ressources à elle, à l'entière et définitive libération du prolétariat. Il ne leur suffisait même pas d'avoir la haute et fière conscience que, par le seul déploiement de sa force propre, exclusivement prolétarienne, le syndicalisme préserverait l'action politique socialiste des défaillances, des compromissions, des lâches ambiguïtés, et qu'au jour de la victoire, il protégerait la Révolution sociale contre toute mainmise hypocrite, contre toute usurpation sournoise d'une oligarchie intellectuelle ou bureaucratique. Non : ils ont voulu instituer le syndicalisme contre l'action politique organisée du prolétariat. Ils ont prétendu que le syndicalisme seul, par ses seules forces et par ses seules méthodes affranchirait les prolétaires, abolirait le salariat. Ils ont affirmé que tout autre action était vaine, ou même dangereuse et corruptrice. Et quand, pour ménager une partie des syndiqués, ils ne le disaient pas nettement, ils dénigraient dans le détail toute l'action politique du prolétariat, toute l'action socialiste.

1/ C'est là, je ne crains pas de le dire, qu'est le principe de toutes les erreurs de tactique, de toutes les confusions de mots et de méthodes qui ont affaibli et obscurci l'œuvre du syndicalisme révolutionnaire, admirable en son fond et impérissable. Et tout d'abord, pour discréditer l'action politique du socialisme, il fallait le représenter comme une abdication du prolétariat livrant son pouvoir à des mandataires séparés de lui peu à peu par la nature de leurs fonctions, même s'ils n'en avaient pas toujours été séparés par leur origine sociale. Oui, mais pendant qu'on habituait ainsi le prolétariat à la méfiance systématique, cet esprit de soupçon s'étendait par une contagion inévitable des délégués politiques aux délégués économiques de la classe ouvrière ; et les « fonctionnaires » des syndicats n'ont pas tardé à être attaqués, dénigrés, paralysés dans leur effort et leur action avec autant d'âpreté, avec plus d'âpreté peut-être que les élus politiques. Par là le syndicalisme serait menacé jusque dans sa racine par le ver du soupçon que lui-même avait introduit à la racine du socialisme. Et il ne rétablira dans son organisation même la vie normale, qui est faite à la fois de contrôle vigilant et de juste confiance, que quand il aura jugé l'action politique dans un esprit plus large et plus équitable.

2/ Comme le socialisme politique se propose de conquérir à son idéal le suffrage universel, et comme il peut être tenté, pour amener à lui des forces mêlées, d'équivoquer, d'atténuer ce que sa doctrine a d'inquiétant pour certains égoïsmes et certains préjugés, le syndicalisme a voulu procéder par contraste violent, et au lieu de maintenir en son intégrité l'affirmation nécessaire, il a cherché des mots de bravade, des formules outrées destinés à scandaliser. De là, par exemple, la fausse et décevante formule d'antipatriotisme donnée à l'action internationaliste des travailleurs. De plus, pour s'opposer brutalement au socialisme, dont la loi est de conquérir graduellement les masses, le syndicalisme a trop souvent affecté de ne compter que sur les « minorités ». Et il a dédaigné ou condamné tous les moyens de large recrutement, même ceux qui sont le plus conformes à sa nature même et à son esprit. De là une maigreur d'effectifs dont maintenant il s'inquiète.

3/ Du moment que le syndicalisme suffit à tout, du moment qu'il doit écouter ou supprimer ou discréditer toute autre forme d'action du prolétariat, le voilà réduit à assumer avec ses seules forces, avec ses seules méthodes, toute l'œuvre immense de révolution sociale. D'où résultent deux conséquences. D'abord, pour se faire illusion lui-même sur l'efficacité de ses moyens d'action, il en multiplie artificiellement le nombre. C'est ainsi que, dans la brochure de Pouget sur le sabotage, le sabotage est présenté comme un moyen révolutionnaire distinct de la grève et qui s'ajoute à la grève. Jamais un moyen de lutte aussi suranné, aussi vieilli, aussi contradictoire, aussi enfantin, aussi contraire à toute l'essence du syndicalisme n'a été accueilli par lui, même du bout des lèvres, s'il n'avait été obligé de donner à l'action directe plus de richesse qu'elle n'en a. Et il a été obligé à ces fausses apparences parce qu'il réduisait toute l'action du prolétariat à l'action directe syndicaliste.

Et voici la dernière conséquence, celle qui se fait sentir aujourd'hui le plus pesamment, le plus douloureusement à la classe ouvrière française. De tous les côtés, dans les organisations, des voix s'élèvent pour dire : « Nous avons trop négligé la lutte pour les intérêts prolétariens immédiats, pour la diminution de la durée du travail, le repos certain et payé, pour le relèvement des salaires, et nous avons ainsi laissé hors de nos prises la masse dolente des travailleurs. » Peut-être, mais pourquoi ? Si le syndicalisme doit suffire à tout, si en dehors de lui il n'y a rien qu'impuissance et corruption, s'il doit lutter seul et par ses seuls moyens, comme au fond il ne dispose d'aucun autre moyen de combat que la grève, le voilà obligé à user de la grève contre le patronat et contre le pouvoir, contre les capitalistes et contre l'État. Il n'attend rien de l'action législative pour améliorer les conditions du travail, pour consolider ou étendre les conquêtes directes des salariés. Il n'attend rien du parti politique du prolétariat pour lutter, pour protester contre les abus de pouvoir, contre l'arbitraire des gouvernants. Mais comment suffira-t-il, tout seul, à cette double et immense besogne ? Comment pourra-t-il, ne disposant que d'une arme, s'en servir toujours et à toute fin sans l'user et sans la fausser ? Grèves de revendication contre le patronat, grèves de protestation contre l'État, c'est ou la grève continue et épuisante, ou bien dans l'intervalle des grèves l'inaction absolue et l'anéantissement.

S'il a fallu que le prolétariat dépense toutes ses ressources, toutes ses énergies, toutes ses facultés de combat dans des grèves répétées contre l'État, que lui restera-t-il pour exiger du patronat de meilleures conditions de travail et de salaire ? Comme une armée qui doit faire front partout et courir d'une frontière à l'autre, il arrivera au combat du jour encore fourbu du combat de la veille. Qu'est-ce à dire ? Et faut-il que le syndicalisme restreigne son champ d'action et de combat ? Ce serait un désastre. Il faut qu'il puisse se dresser contre l'État bourgeois aussi bien que contre le patronat. Il faut qu'il puisse livrer bataille, non seulement pour ses intérêts économiques immédiats, mais pour son droit social, contre les puissances de réaction ou d'aventure. Si le syndicalisme perdait cet admirable idéalisme de combat, s'il descendait du niveau révolutionnaire et du haut point de vue social où il a été porté par l'incomparable effort des militants depuis une génération, ce serait une terrible diminution d'âme et de force pour le prolétariat français. Ce serait un triomphe inespéré pour les réacteurs de tout ordre.

Que le syndicalisme français ne passe pas d'un extrême à l'autre. Qu'après avoir trop présumé de sa force toute seule, il ne renonce pas par lassitude à sa plus haute espérance. En fait, partout dans le monde, la classe ouvrière organisée livre, pour des objets qui dépassent de beaucoup l'intérêt économique immédiat, de vastes et généreuses batailles. Les syndicats belges ont organisé pour la conquête du suffrage universel une puissante grève générale. Le syndicalisme allemand, malgré sa prudence, malgré ses résistances, se pénétrera lentement d'un esprit de bataille ; et son concours sera nécessaire à la transformation du régime oligarchique de l'Allemagne. En France même, le syndicalisme vient de remporter, peut-être à son insu, mais par l'effet de sa vigueur connue, une belle victoire. Si la loi de trois ans n'a pas été réellement et substantiellement votée, si elle a été en fait ajournée jusqu'en 1916 par un truc misérable et humiliant du pouvoir et de la majorité, c'est bien parce que le Parti socialiste a opposé une vigoureuse résistance ; c'est bien parce que les dirigeants ont eu peur du verdict prochain du suffrage universel. Mais ils ont eu peur aussi du syndicalisme. Et voici ce qu'ils ont redouté. Je le sais de source certaine. Les ministres ont craint, s'ils gardaient la classe, qu'à la date légale de sa libération [(1)], la Confédération ne proclamât la grève générale, et que, si le gouvernement mettait les soldats dans la rue, un même cri de « À bas les trois ans ! » ne s'élevât du peuple et de l'armée. Notez qu'aucun plan n'avait été formé, qu'aucune action n'avait été prévue, mais le pouvoir avait peur. Et cela seul prouvait l'efficacité de la grande action syndicaliste. Mais en vérité plus le syndicalisme élargit son champ d'action et de combat, plus il a besoin que la classe ouvrière puisse lutter aussi avec les armes de l'action politique. S'il veut livrer seul, et avec sa seule arme de grève, partielle ou générale, la double et immense bataille contre le patronat et contre le pouvoir bourgeois, il anémiera, il épuisera la classe ouvrière, et il tombera lui-même sur le champ de combat, n'ayant plus ni force, ni souffle, ni espérance.

Et ainsi, ou bien il renoncera aux plus hauts objets et aux fins les plus sublimes et se bornera à l'effort corporatif le plus humble, ou bien il reconnaîtra que dans la lutte émancipatrice du prolétariat le syndicalisme ne suffit pas à tout. Sans s'ingérer dans l'action politique socialiste, sans souffrir la moindre ingérence du socialisme politique dans la conduite de son action propre, il reconnaîtra qu'une action politique intense du prolétariat est pour le syndicalisme même la condition absolue d'une action constante et croissante et d'un large développement.

Le prolétaire doit agir et combattre comme syndiqué, comme citoyen, comme coopérateur. Coopération, socialisme, syndicalisme sont trois forces distinctes et autonomes, mais solidaires. L'abaissement de l'une abaisse les autres. L'exaltation de l'une exalte les autres. Et chacune d'elle périrait d'une prétention exclusive. Pour reprendre la formule récente de Jouhaux je dirai : chacune de ces trois forces se suffit à elle-même ; mais ce n'est que toutes ensemble qu'elles suffisent à tout.

(1) Allusion aux actions de la CGT au printemps 1913 contre la loi des trois ans, dans les casernes et au-dehors.

L'Humanité du 22 octobre 1913

Alliés imprévus

Je doute fort que dans le collège d'athlètes installé à Reims sur le domaine de M. de Polignac, et que M. Poincaré a consacré de sa présence [1], on propage avec ardeur l'esprit de démocratie et la pensée socialiste. Et sans doute l'idée des « milices » y est traitée avec un beau dédain. Mais les grands et nécessaires mouvements des sociétés humaines sont servis bien souvent par ceux-là mêmes qui croient les combattre ou y être étrangers. Car s'il est vrai que cette institution, comme on nous l'assure, ne se propose pas seulement surtout de créer une élite sportive, s'il est vrai qu'elle a pour objet essentiel de fournir un type normal d'éducation physique de la jeunesse, qui ne voit que l'application générale de ce type nous libérera bientôt d'une grande partie du régime de caserne ?

Quand on comprendra vraiment qu'un immense effort méthodique doit être fait dans le pays tout entier pour développer la vigueur et la souplesse des adolescents, on comprendra du même coup qu'il est absurde d'absorber dans un encasernement prolongé les ressources nécessaires à cette grande œuvre d'éducation physique; et il faudra bien reconnaître aussi que le régime de caserne peut être d'autant plus réduit que la culture physique, avant la caserne, sera plus générale et plus forte. Tant que l'athlétisme est conçu comme une spécialité, il est sans action directe et appréciable sur l'ensemble de la vie sociale et sur les conditions mêmes de l'organisation militaire. Mais du jour où il apparaît comme une méthode applicable à tous, il développe nécessairement les conséquences que j'indique.

C'est dans ce sens d'une méthode d'éducation physique universelle que *Le Journal* commentait hier l'oeuvre rémoise. C'est cette signification qu'il donnait à la visite de sympathie de M. Poincaré. Car *Le Matin* ayant fait les honneurs publics du tourisme, il fallait bien que *Le Journal*, avec plus de discrétion sans doute, avec un zèle équivalent, fît les honneurs de l'athlétisme. C'est à qui baignera le mieux M. Poincaré dans les gloires du muscle. Mais qu'importe après tout la raison de cet empressement, par là se propage en effet dans notre pays le souci d'accroître la vigueur, l'élasticité, la santé, non pas de quelques catégories restreintes d'amateurs privilégiés, mais de toute la jeunesse française.

Qu'on se hâte, et toute notre institution militaire en sera profondément transformée. Le dirai-je ? J'éprouve quelque plaisir, peut-être paradoxal, à réconcilier dans cette pensée M. Poincaré et le congrès radical de Pau, qui paraissent en délicatesse. Je me garderai bien de souhaiter entre eux une réconciliation durable, car *Le Temps* en mourrait de désespoir, mais enfin telle est la force des choses qu'au moment même où le radicalisme proclame à Pau « réduction du service de caserne par l'éducation de la jeunesse », M. Poincaré proclame à Reims « éducation physique pour tous ». Miracle d'harmonie, et d'une harmonie d'autant plus émouvante qu'elle est involontaire et inaperçue ! Mais qui sait, si on n'en prendra pas conscience ? Et peut-être par la grâce de l'éducation physique, verrons-nous M. Poincaré, qui a déjà embrassé avec une émotion croissante Bonnat, Mistral, Fabre, Léon Bourgeois ; baiser enfin sur la joue de M. Bouyssou [(2)] le congrès de Pau et la loi de deux ans. Décidément, il n'y a que l'immobilité et l'inertie qui nous soient funestes. Dès que les hommes agissent, et même s'ils croient agir contre nous, ils se meuvent dans le sens de l'avenir. Ô athlètes de M. Polignac, pionniers des milices, soyez les bienvenus !

Mais quoi ! est-ce que l'éducation gymnastique ou athlétique suffira à assurer la santé et la force de la race ? Que fera-t-on de tous les enfants, de tous les adolescents anémiés par la société injuste et cruelle, par la nourriture insuffisante, par l'air fétide du logement trop étroit, par le travail trop précoce et trop intense ? Ou l'éducation physique ne sera que le luxe de quelques-uns, ou elle aura nécessairement pour base un immense effort de progrès social. Ô monsieur de Polignac, est-ce là ce que vous voulez ?

Mais ce n'est pas tout.

Si l'éducation physique de la jeunesse se généralise, si elle apparaît comme une préparation au devoir militaire, comme le prélude de la nation armée, il sera impossible de livrer cette éducation de la jeunesse aux entreprises des sectes et des partis. Elle devra être nationale, commune à tous les jeunes gens, à tous les adolescents. Et cette organisation postscolaire réagira nécessairement sur l'organisation scolaire elle-même. M. de Polignac et M. Poincaré ont-ils prévu la conséquence ? C'est l'école laïque, l'école nationale, qui devient le centre nécessaire de la grande oeuvre d'éducation.

(1) « Monsieur Poincaré au Collège d'Athlètes », *Le Journal*, 20 octobre 1913. Lors de sa visite à Reims, le président Poincaré visite le Parc des Sports Pommery et le Collège d'Athlètes fondé par le marquis de Polignac, et alors dirigé par Georges Hébert, promoteur d'une méthode d'éducation physique naturelle, l'hébertisme, opposée à la gymnastique suédoise et à la spécialisation sportive. C'est l'une des premières fois qu'un chef de l'État visite un terrain de sports athlétiques.

(2) Léo Bouyssou (1872-1935), député des Landes depuis 1906, membre actif du Parti radical et radical-socialiste.

L'Humanité du 7 novembre 1913

Catastrophe et organisation

Le pays tout entier a été profondément ému par le terrible accident de Melun[1] ; et la Chambre s'est associée de tout cœur aux paroles du ministre des Postes louant la fermeté d'âme des postiers survivants qui ont procédé avec calme au tri des dépêches. Nous sera-t-il permis d'ajouter que les équipes qui ont donné un si bel exemple de courage et de conscience professionnelle comptaient quelques-uns des militants qui, aux temps de la grève des postes, firent preuve de la plus vigoureuse solidarité ? Dans les âmes prolétariennes les plus hautes, le dévouement à la profession et le dévouement à la classe ouvrière se concilient et se complètent.

Mais quelle est la cause de l'épouvantable désastre ? Nous n'aurons point la témérité de nous prononcer, ou même de risquer les conjectures, avant que l'enquête soit complète. Mais nous tenons à dire qu'il ne suffira pas d'étudier les circonstances immédiates de l'accident. Il faut étudier aussi les causes permanentes de péril. La note de la direction du PLM concentre toute la responsabilité sur le mécanicien qui n'aurait pas tenu compte des signaux. D'autre part, des cheminots bien renseignés et qui connaissaient dès longtemps l'état des lieux et les conditions du mouvement des trains en gare de Melun affirment que la catastrophe était inévitable.

Ils disent que les signaux trop rapprochés les uns des autres et sur une courbe ne constituaient pas un avertissement suffisant. Ils déclarent qu'ils avaient prédit que les trains qui se croisaient, se succédant à un trop faible intervalle, étaient fatalement voués à une collision. D'autre part, Colly nous disait hier qu'il avait, il y a plusieurs mois, à l'occasion d'un autre accident moins grave, signalé le danger au ministère des Travaux publics et que celui-ci lui avait répondu que ses craintes étaient excessives. Colly a la lettre du ministre. Je ne dis pas ces choses pour tenter d'engager la responsabilité d'hommes chargés d'une direction infiniment complexe et d'une tâche redoutable. Encore faudrait-il ne pas se refuser à la vérité d'ensemble pour accabler un modeste agent d'exécution.

Il est probable que les réformes devront être faites aussi bien dans la disposition des signaux que dans l'horaire. Il est probable aussi que si les compagnies, au lieu de traiter les syndicats en ennemis et de décourager l'organisation des travailleurs, encourageaient au contraire le personnel à formuler des avis, à signaler des dangers, la catastrophe de Melun, prévue et prédite par les travailleurs de la voie ferrée, aurait pu être évitée. Dans le formidable jeu des mécanismes modernes, où la moindre négligence, où la moindre erreur peut avoir des conséquences si funestes, il est bon que toutes les énergies et toutes les intelligences puissent concourir à la prévention du danger. La science même la plus haute et la plus prévoyante a besoin d'être soutenue par l'expérience et les conseils indépendants des travailleurs organisés.

III

(1) La catastrophe ferroviaire a eu lieu à Melun le 4 novembre 1913. À la suite d'erreurs d'aiguillage et de problèmes de signalisation, deux trains, dont un train postal, entrent en collision. La catastrophe fait 41 victimes.

L'Humanité du 14 novembre 1913

Gros personnage et petite entrée

Le gros personnage, c'est le salaire minimum ; la petite entrée, c'est le projet de loi exigu où il a fait hier son apparition. La Chambre, suivant assez petitement l'exemple déjà ancien de l'Angleterre, a décidé hier que dans certaines catégories du travail à domicile le salaire serait légalement fixé par des commissions et qu'il ne pourrait, en aucun cas, être inférieur aux deux tiers du salaire payé en atelier pour le même travail. Pour qu'une disposition pareille puisse être jugée bienfaisante par les intéressés, il faut que le salaire des industries à domicile soit en effet terriblement bas. Les socialistes sont intervenus, avec Lauche, avec Vaillant, pour marquer les insuffisances du projet, tant au point de vue du nombre des personnes auxquelles il s'applique qu'au point de vue du taux du salaire. Mais ils ont déféré au voeu des travailleurs les plus directement intéressés en se bornant à faire des réserves pour l'avenir et en ne maintenant pas leurs contre-projets, afin d'aboutir tout de suite.

Quelles que soient les lacunes de la loi votée hier par la Chambre, elle introduit dans notre pays le principe du salaire minimum légal. Et, en ce sens, on peut dire qu'elle marque une date dans notre histoire sociale. Elle crée un précédent qui pourra soutenir plus tard des revendications plus étendues ; et elle crée une solidarité plus étroite entre les ouvriers et ouvrières qui travaillent dans les ateliers et les ouvriers et ouvrières qui travaillent à domicile, puisque le minimum de salaire de ces derniers se relèvera nécessairement avec le salaire des premiers.

Il est bien entendu d'ailleurs que cette proportion des deux tiers marque en effet un minimum et que les commissions légales pourront aller au-delà. Il est entendu aussi que syndicats et associations pourront intervenir, même sans plainte personnelle de l'ouvrier ou de l'ouvrière, quand la loi sera violée. Enfin les patrons, les employeurs seront tenus de faire connaître au public les salaires payés par eux.

La loi a donc une valeur de principe et d'orientation. Elle ne vaudra pratiquement que par la vigilance des bons citoyens et surtout par l'action et le contrôle des organisations ouvrières elles-mêmes. Si celles-ci sont passives, indifférentes, la loi ne fera pas le bien qu'elle peut faire et elle couvrira au contraire les pires exploitations qui se produiront en quelque sorte sous la garantie de la société elle-même. Leibniz dit : « Quand le maître joue aux échecs avec son esclave, l'enjeu ou perdu appartient toujours au maître. » Quand la classe salariée manque de vigueur et d'esprit d'organisation, les lois mêmes qui sont destinées à la protéger peuvent tourner contre elle. Il faut que la loi d'hier soit une raison de plus à tous les prolétaires de se grouper, de s'organiser, de développer leur force publique et économique.

Oui, mais quand donc sera-t-elle votée par le Sénat ? J'ai demandé hier, puisqu'on décidait d'afficher les salaires donnés par les employeurs, qu'on affichât aussi les lois définitivement votées par le Parlement et le temps mis par le Sénat à les voter... Les sénateurs n'oseraient plus se montrer dans les rues.

L'Humanité du 22 novembre 1913

Évolution capitaliste

J'espère que *l'Humanité* pourra publier prochainement, d'après le Journal Officiel, de très larges extraits ou même la presque totalité du discours prononcé hier à la Chambre par M. Margaine. M. Margaine est radical et ingénieur. Comme radical, il ignore à peu près complètement ce qu'est le socialisme, et il a prétendu qu'uniquement préoccupés de la répartition des richesses, nous nous désintéressions du progrès de la production ; il n'y a pas d'erreur plus flagrante. Comme radical aussi, M. Margaine est très vacillant dans ses conclusions et il nous a laissé, hier, le soin de déduire les conséquences certaines des faits qu'il a exposés. Mais comme ingénieur, il s'est intéressé à la grande industrie des métaux et son discours constitue un document économique de premier ordre, que je recommande à toute l'attention de nos militants et de nos propagandistes. Il a constaté dans toutes les industries extractives et métallurgiques, à propos du fer, du cuivre, du charbon, de l'étain, du zinc, de l'acier, du nickel, du platine, du pétrole, le mouvement immense et irrésistible de concentration. Cette évolution formidable n'est point parvenue pour chacun des minerais au même degré de centralisation, mais partout elle s'affirme dans le même sens. Les combinaisons, les syndicats capitalistes, les trusts, les cartels se substituent partout, à des degrés différents et à une vitesse inégale, mais avec une intensité croissante, à la libre concurrence et à la compétition. De là, des hausses factices et énormes dans les prix ; de là, dans certaines industries trustées, comme celle des rails d'acier, une sorte de malfaçon chronique et colossale qui a multiplié les ruptures et les accidents. De là aussi la puissance grandissante d'une sorte d'oligarchie mondiale qui concentre en ses mains toute la matière première d'industries énormes et toute son élaboration.

Aux chiffres, aux statistiques qui précisent ce mouvement universel, M. Margaine a ajouté des détails pittoresques qui lui servent d'illustration, et quand il a parlé très simplement des repas périodiques où soixante magnats américains décident du cours des produits les plus importants, j'avoue que j'ai éprouvé la sensation particulièrement nette et aiguë de la toute-puissance capitaliste et j'ai eu aussi le pressentiment de la révolution que prépare ce régime. Certes, ces grands monopoleurs yankees, tranquilles et assurés dans leur orgueil, sont moins bruyants que ne l'étaient les convives du festin de Balthazar, mais sur les murs de la salle du festin, l'inscription fatale apparaîtra. C'est dans le census américain et dans le census anglais [1], c'est dans les grandes enquêtes américaines, anglaises, autrichiennes, allemandes, c'est dans les revues et recueils économiques que M. Margaine a trouvé les éléments du tableau magistral qu'il a tracé, et je me disais en l'écoutant que notre parti serait bien fort s'il pouvait organiser son travail de recherches scientifiques de façon à mettre sous les yeux des citoyens le mouvement économique réel de toute la planète. La conclusion socialiste s'en dégagerait avec une évidence irrésistible, comme des observations multipliées et des calculs répétés des astronomes se sont dégagées les grandes lois du monde sidéral.

Cette enquête immense et continue est au-dessus des forces d'un homme, ou même d'un petit nombre d'hommes.

Ce que M. Margaine a ébauché pour une partie et pour un moment de l'évolution économique ne pourrait être continué et élargi à tout le mouvement des peuples que par une vaste coopération de travailleurs et de chercheurs. Je crois que notre parti, qui a déjà produit bien des études en ce sens, mais fragmentaires et intermittentes, dispose d'assez de compétences et d'énergies intellectuelles pour mener à bien cette enquête permanente et totale et pour en condenser utilement les résultats. Il faut que tous nous ayons, jusque dans l'action quotidienne si absorbante, le souci de mettre en lumière et en relief la vie économique du globe, et je voudrais que *l'Humanité* pût résumer fréquemment pour ses lecteurs cette vaste documentation.

Lisant, ces jours-ci, le premier volume de la correspondance de Marx et d'Engels, si instructive et si suggestive à tant d'égards, j'ai été frappé surtout du véritable héroïsme intellectuel avec lequel, sous l'accablement des besognes, des soucis, des conflits, des luttes publiques et des douleurs privées, ils ajoutaient chaque jour à leurs connaissances. Il faut qu'aujourd'hui tous les militants de notre parti aient un peu de ce magnifique courage, et par la force de la réalité connue et comprise, nous avancerons d'un demi-siècle l'émancipation des hommes.

III

(1) Dans les recensements et les enquêtes statistiques publiques.

L'Humanité du 24 janvier 1914

Redoublons d'efforts

La mort en quelques jours nous a pris Fournière et Pressensé [1] ; mais même si elle n'avait pas exercé sur nous, avant son heure, ces tristes ravages, la disproportion est accablante entre l'immensité de l'œuvre socialiste et ouvrière à accomplir et le nombre exigu des militants du socialisme et du prolétariat. Chaque jour s'accroît notre tâche : opposer aux organisations patronales en progrès un syndicalisme vigoureux, efficace et largement recruté ; développer les coopératives de consommation et les mettre en état de lutter contre la technique perfectionnée des grandes entreprises du capitalisme commercial, donner à l'action législative du Parti socialiste une base assez large et assez forte par l'accroissement de nos fédérations ; vivifier sans cesse notre doctrine par l'étude et le groupement des faits nouveaux que multiplie la vie économique, nationale et internationale ; préciser l'idéal par le réel et orienter le réel vers l'idéal ; ébaucher par l'anticipation de l'esprit les grandes lignes de la société future et permettre chaque jour dans la société présente de maintenir au socialisme sa vigueur de revendication, sa concentration de combat en évitant ce qui pourrait le dissoudre dans des rêveries pseudo-religieuses ou dans de vagues hypothèses cosmiques, et l'ouvrir cependant à toutes les clartés qui viennent de la philosophie et de la science, à tous les souffles qui viennent du mystère, à tous les appels de l'univers profond ; affirmer l'idée sans s'immobiliser et se raidir dans l'abstrait ; s'assouplir aux nécessités du combat sans se disperser et s'abaisser dans l'intrigue : quelle œuvre immense ! Nous n'y pourrions suffire à quelque degré que si nous étions toute une multitude organisée de militants prolétariens, de chercheurs, de propagandistes, d'hommes d'étude, de travail et de pensée.

Certes, nombreux déjà sont ceux qui luttent et qui travaillent en vue de l'avenir humain ; et pour ma part je me suis souvent réjoui de voir, dans notre groupe parlementaire, s'affirmer les énergies, se préciser les compétences, grandir de jour en jour la promesse des forces neuves. Mais enfin le champ à labourer est immense, et la moisson déborde à l'infini les moissonneurs. La mort vient frapper à chaque pas quelques-uns des plus expérimentés ; la trahison nous en enlève d'autres qui retournent leur faux contre leurs compagnons de travail. Et nous serions dépassés à jamais par l'œuvre à accomplir si son immensité même ne devait pas tenter les énergies généreuses, appeler les forces de vie qui hésitent encore.

J'ai le pressentiment, à des signes multiples, que l'heure des larges recrutements approche pour nos organisations et que la jeunesse pensante, un moment sollicitée aux formules décevantes et contradictoires d'une action sans idée ou aux mysticités rudimentaires et balbutiantes d'une philosophie sans cohérence et sans lumière, viendra bientôt porter et demander de la flamme à ce magnifique foyer du socialisme où l'action et la pensée se confondent.

C'est cette espérance, c'est cette certitude qui, jeudi, aux émouvantes obsèques de Pressensé, rayonnait pour nous à travers les ombres de la mort, et lui donnait je ne sais quelle transparence. De son testament même, et quelles que soient les convictions personnelles de nos militants sur les problèmes supérieurs de la vie, un haut idéalisme se dégageait ; par un admirable mélange de modestie personnelle et de foi illimitée en la justice il donnait à l'action quotidienne et continue du socialisme comme un accent d'infinité. Où donc la conscience et la raison des jeunes hommes trouveront-elles un champ plus vaste ? De toute notre pensée, de tout notre coeur, nous les appelons à une œuvre qui n'est pas seulement plus grande que nous et nos forces déclinantes, mais qui est aussi plus grande qu'eux, quel que soit l'essor de leur jeunesse, et qui leur rendra le service, si hauts qu'ils soient, de les hausser au-dessus d'eux-mêmes.

(1) Eugène Fournière, écrivain, ancien chef de cabinet du ministre de l'Instruction publique. Francis de Pressensé, responsable de la politique étrangère à « l'Humanité de 1904 jusqu'à sa mort, en 1914.

L'Humanité du 28 février 1914

D'accord

Depuis deux jours je me demandais, en lisant *La Bataille syndicaliste*, si certains militants des syndicats n'allaient pas chercher dans la loi sur les retraites des mineurs [1] l'occasion depuis longtemps attendue pour quelques-uns d'entrer décidément en guerre contre le Parti socialiste. J'avoue que j'aurais déploré ce conflit, mais je ne le redoutais pas pour notre parti, car sur le terrain où semblait vouloir porter le combat, notre victoire était certaine et prochaine. Ce que nous avons obtenu est si important pour les mineurs, et ils en vérifieront si tôt l'excellence que nous pouvons défier toute hostilité et toute contradiction. Et c'est nous qui, sans tarder, pourrions prendre l'offensive.

Mais je me réjouis infiniment de voir que Jouhaux, dans un article d'hier matin, pose le problème en des termes qui me paraissent, pour l'essentiel, parfaitement acceptables et qui préparent à la fois une solution et un accord. Il se félicite, très justement, du « bel effort » des mineurs en grève. Il constate que les mineurs de la Fédération du sous-sol ont fait preuve de solidarité et de vigueur. Et il dit : « Dans la bataille, et par elle, une force nouvelle s'est révélée, force qui a obligé le gouvernement à apporter, dans cette question des retraites minières, des promesses de donner satisfaction aux mineurs et ardoisiers. » Il ajoute, il est vrai : « Les promesses gouvernementales ne sont que des promesses. Que valent-elles ? » Mais si elles n'avaient en soi aucune valeur, Jouhaux ne ferait pas honneur à l'action directe des syndicats du fait que le gouvernement a promis.

S'il ne pousse pas le dédain de l'action parlementaire jusqu'à ignorer ce que nous avons dit, s'il pense qu'il est impossible de résoudre et de mener à bien une agitation qui a pour objet une loi, si on ne se rend pas un compte exact des débats de la Chambre, je le prie de se reporter au compte rendu officiel de la séance de mercredi. Il y verra que j'ai rendu justice comme lui (2) « au bel effort » des mineurs du Gard, du Tarn, de l'Aveyron, de la Loire, de Montceau. Il y verra que j'ai constaté le grand rôle joué par cette force nouvelle. Et je pense comme lui que la vigilance et l'action organisée des mineurs est une des meilleures garanties que les promesses gouvernementales seront tenues. Elles le seront en effet. Il est impossible qu'elles ne le soient pas. Par le niveau commun de 730 francs, dont tous les mineurs sont assurés d'approcher, les mauvais effets de l'article 12' sont pratiquement neutralisés ; l'union et l'action solidaire de toute la corporation redeviennent possibles. Jouhaux estimera sans doute qu'il vaut la peine que tous, syndicalistes et socialistes, chacun dans notre sphère d'action, nous travaillions d'un même coeur à cette grande oeuvre.

Pour nous, nous serons aussi empressés à conclure la grande paix ouvrière et socialiste qu'à repousser un assaut injuste, s'il se produisait, et d'intolérables accusations dont l'injustice éclaterait bientôt à tous les yeux.

(1) Le régime de retraite des mineurs vient d'être modifié par la loi du 25 février 1914 : création de la Caisse autonome des retraites des ouvriers mineurs (CAROM), centralisation des cotisations à l'échelle nationale, introduction du principe d'un versement de l'État, en plus des versements des ouvriers et des employeurs.

(2) Jaurès est longuement intervenu, aux côtés des autres députés ouvriers représentant les bassins miniers, lors des débats précédant immédiatement le vote de la loi le 25 février.

L'Humanité du 28 juin 1914

L'effort nécessaire

Il n'y a pas de plus grave problème que celui de la main-d'oeuvre étrangère [1]. Il faut d'abord assurer la liberté et respecter la solidarité du prolétariat de tous les pays, pourvoir aux nécessités de la production nationale qui a souvent besoin, en France surtout, d'un supplément de travailleurs étrangers, et il faut empêcher aussi que cette main-d'œuvre étrangère soit employée par le patronat comme un moyen d'évincer du travail les ouvriers français et d'avilir leur salaire.

Les nationalistes, toujours puérils, n'ont trouvé qu'un remède : frapper d'une taxe les employeurs, à raison d'une somme déterminée par ouvrier étranger qu'ils emploient. Il suffit d'un mot pour démontrer l'enfantillage de la proposition. J'ai demandé à plusieurs de ceux-là mêmes qui ont voté pour elle : « Croyez-vous ainsi empêcher l'emploi des ouvriers étrangers ? - Non, sans doute. - Alors en quoi protégez-vous les ouvriers français que vous affectez de défendre ? Vous empirez leur condition en frappant l'industriel qui les emploie. »

Ou bien la taxe empêchera en effet l'emploi de la main-d'œuvre étrangère, et elle sera en bien des points préjudiciable à l'agriculture et à l'industrie, ou bien elle ne l'empêchera pas et elle sera un poids sur le travail, une dérision pour les ouvriers français qu'on prétend défendre.

La vraie solution, les socialistes l'ont formulée :
Elle consiste :

1/ À rendre à la production française les ouvriers français en substituant un système militaire moins routinier à ce système d'encasernement prolongé qui immobilise et stérilise huit cent mille hommes, un dixième de la main-d'œuvre française.

2/ À assurer un salaire minimum aux travailleurs, étrangers ou français, de façon à prévenir l'effet déprimant de la concurrence.

3/ À protéger les ouvriers étrangers contre l'arbitraire administratif et policier pour qu'ils puissent s'organiser avec leurs camarades de France et lutter solidairement avec eux sans crainte d'expulsion.

4/ À organiser l'assurance contre le chômage dans des conditions telles que le patronat français ait intérêt à ne recourir à un supplément de main-d'œuvre étrangère que quand il aura utilisé toutes les ressources françaises. Vastes problèmes mais solubles, à condition qu'on n'égare pas la pensée et l'effort des ouvriers sur de fausses pistes, comme l'essaient les nationalistes, à condition aussi que le Parlement ait conscience de sa responsabilité. Au travail ! Au travail !

(1) Jaurès a commencé à se pencher plus attentivement sur l'immigration et le moyen de réaliser l'égalité entre ouvriers immigrés et autochtones au cours de son voyage en Argentine en 1911.

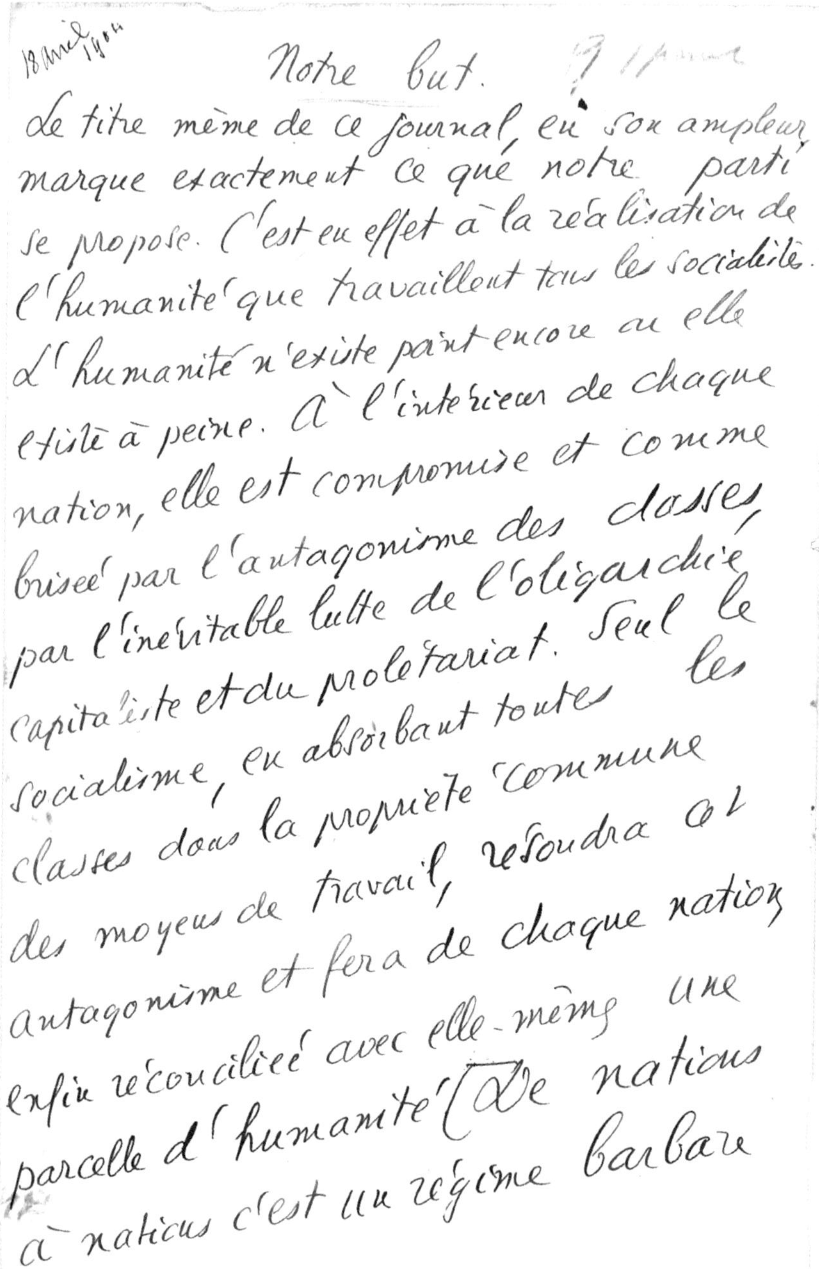
18 avril 1904

Notre but.

Le titre même de ce journal, en son ampleur
marque exactement ce que notre parti
se propose. C'est en effet à la réalisation de
l'humanité que travaillent tous les socialistes.
L'humanité n'existe point encore ou elle
existe à peine. À l'intérieur de chaque
nation, elle est compromise et comme
brisée par l'antagonisme des classes,
par l'inévitable lutte de l'oligarchie
capitaliste et du prolétariat. Seul le
socialisme, en absorbant toutes les
classes dans la propriété commune
des moyens de travail, résoudra cet
antagonisme et fera de chaque nation
enfin réconciliée avec elle-même une
parcelle d'humanité. De nations
à nations c'est un régime barbare

Extrait de l'édito manuscrit « Notre but » de Jean Jaurès
l'Humanité du 18 avril 1904 (édito complet p.16)

de défiance de ruse de haine de violence
qui prévaut encore. Même quand
elles semblent à l'état de paix, elles
portent ~~encore~~ la trace des guerres
d'hier, l'inquiétude des guerres de
demain : et comment donner le
beau nom d'humanité à ce chaos de
nations hostiles et blessées, à cet
amas de lambeaux sanglants ? Le
sublime effort du prolétariat international
c'est de réconcilier tous les peuples par
l'universelle justice sociale. Alors
vraiment, mais seulement alors il
y aura une humanité réfléchissant
son unité supérieure dans la diversité vivante
de nations amies et libres.

3

~~#~~ Vers ce grand but d'humanité
c'est par des moyens d'humanité aussi
que ~~marche~~ va le socialisme. À mesure
que se développent chez les peuples et
les individus la démocratie et la
raison, l'histoire est dispensée de
recourir à la violence. Que le
suffrage universel s'affirme et s'éclaire;
qu'une vigoureuse éducation laïque
ouvre les esprits aux idées nouvelles,
et développe l'habitude de la
réflexion; que le prolétariat s'organise
et se groupe selon la loi toujours
plus équitable et plus large: et
la grande ~~révolution~~ transformation sociale
qui doit libérer les hommes de la

propriété oligarchique s'accomplira
sans les violences qui il y a
cent dix ans ensanglantèrent la
Révolution démocratique et
bourgeoise, et dont s'affligeait, en
une lettre admirable notre grand
communiste Babeuf. Ce n'est
pas seulement au-dessus de la
routine des brutalités matérielles
que s'élèvera le prolétariat, en son
magnifique effort d'affranchissement.
C'est au dessus des brutalités
morales. Il est dès maintenant
assez fort de l'excellence de son
droit et assez assuré de l'avenir
pour être juste envers tous. Il

n'a pas besoin, pour abolir le privilège suranné de la propriété bourgeoise, de méconnaître les services historiques de la bourgeoisie et les mérites individuels de ~~beaucoup~~ plusieurs des ~~de bourgeois~~ privilégiés. Il n'a pas besoin pour affranchir sa ferme raison des préjugés de tout ordre, préjugé religieux ou préjugés sociaux, d'outrager l'humanité débile et incertaine qui si longtemps s'y est attardée. Et jusque dans la rigoureuse bataille contre les classes ennemies et les préjugés hostiles, il aura, avec la

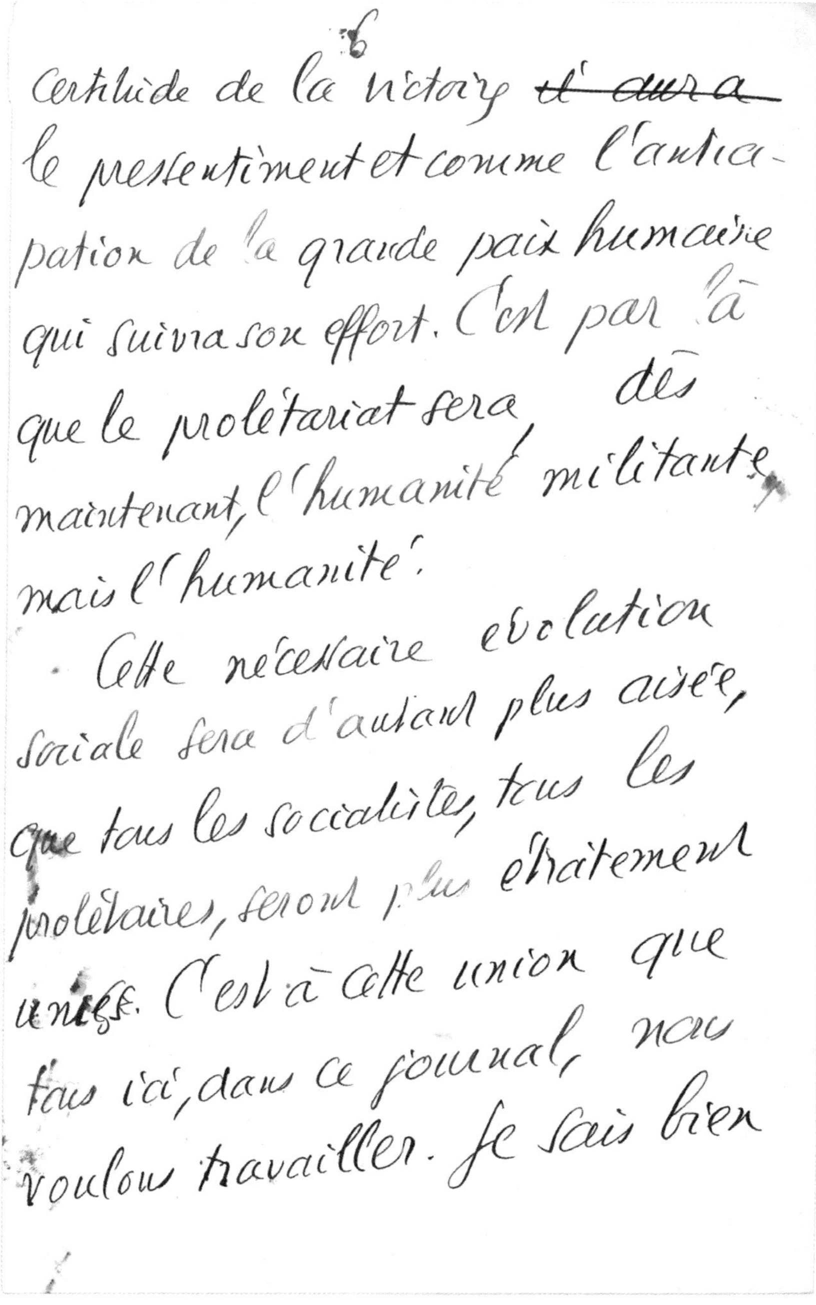
6

certitude de la victoire ~~il aura~~
le pressentiment et comme l'antici-
pation de la grande paix humaine
qui suivra son effort. C'est par là
que le prolétariat sera, dès
maintenant, l'humanité militante,
mais l'humanité.
Cette nécessaire évolution
sociale sera d'autant plus aisée,
que tous les socialistes, tous les
prolétaires, seront plus étroitement
unis. C'est à cette union que
tous ici, dans ce journal, nous
voulons travailler. Je sais bien

Extrait de l'édito manuscrit « Notre but » de Jean Jaurès
l'Humanité du 18 avril 1904 (édito complet p.16)

Livre édité par la Société Nouvelle du Journal l'Humanité
Société anonyme à directoire et conseil de surveillance.
Capital social 3 000 000 euros.
Siège social, 5 rue Pleyel, 93528 Saint-Denis Cedex

Documentation : Régine Colombo
Iconographie : Service photo de l'Humanité
Direction artistique et réalisation : Atelier Mêlé
Correction : Claire Mizrahi
Typographie Estratto variable : Isac Correa Rodrigues
Typographie Gyst variable : Roland Hörmann

Impression : Imprimerie Estimprim (Autechaux)
Achevé d'imprimer en 2024
Dépôt légal août 2024